はじめての事件シリーズ

建物明渡請求

東京弁護士会　法友全期会業務委員会／編

創耕舎

発刊によせて

　このたび、東京弁護士会に所属する若手弁護士の団体である法友全期会の手によって『はじめての事件シリーズ　建物明渡請求』が上梓されることとなった。

　事件の処理にあたっては、民法をはじめとする実体法の規律や権利を保全、実現するための法的手続等を理解しておくことは当然であるが、具体的事件の処理では、それだけにとどまらず、実務的な知識経験も重要になってくる。経験の浅い弁護士は、このような実務的知識経験に乏しいことが多いであろう。この点は、誰でも「はじめて」の段階があるという意味でやむを得ないとしても、依頼者から事件を受任するにあたっては最善を尽くす必要がある。

　ところで、そのような実務的知識経験を知るための書籍ということになると、的確なものはさほど多くはない状況にあるように思われる。

　本書は、建物明渡請求事件という、一般民事事件を扱う弁護士としてはいずれ担当することが予想される事件類型について、実務的知識経験に乏しい場合であっても適切な事件処理を果たすことができるよう配慮されており、まさに、「はじめて」事件を担当する弁護士にとって有用な手掛かりとなるものといえる。

　また、本書は、「はじめての事件シリーズ」の第1弾として発刊されるものであり、今後、その他の事件類型についても、本書と同様の着眼点に基づいた書籍を発刊すべく鋭意準備を進めているとのことである。

　本シリーズが新人・若手弁護士のみならず多くの実務家に利用され、適切な事件処理実現に役立てられることを祈念する。

　平成29年1月

東京弁護士会会長　　小　林　元　治

発刊にあたって

　法友全期会は、東京弁護士会の会派である法友会の会内組織で、弁護士登録から15年目までの約1500名の若手会員でなりたっています。

　若手会員のための業務研究に力を入れ、これまでも「マニュアル・シリーズ」と呼ばれる出版物を20年以上にわたり多数発刊してきました。全国の家庭裁判所でも使われた『遺産分割マニュアル』や、保全、執行、破産・再生の各マニュアル、そして必携書ともうたわれた『刑事弁護マニュアル』など、内外より高い評価を得てきました。

　これらの書籍は業務研究の成果という位置づけであったため、精緻な理論解説や詳細な判例引用などもあり、高いレベルの知識を網羅した良書の自負はありました。しかし、他方では読み手にも一定の知識・経験があることが求められていました。

　弁護士数増員や司法修習期間の短縮化などもあり、新人弁護士が必ずしも十分な実務教育、実施指導を受けられていないのではないかという声も上がり、当会でも新人・若手弁護士への業務研修にこれまで以上に力を入れた活動をするようになりました。そのような中で、新人・若手弁護士であっても読めば実務のイロハが判るような実務の入門書への需要が高くあることに注目し、これまでとは異なる新しいコンセプトの書籍の製作を目指すことになりました。

　弁護士登録をして間もなく、実務の右も左も判らない中で事案処理をする新人は、具体的に何をすればよいのかを事務所のボス弁や先輩弁護士から教えてもらって覚えていました。その実務のイロハを、私たち法友全期会が、これからの時代を担う新人・若手弁護士のために書籍にまとめて提供する、それがこの「はじめて」シリーズになります。この一冊を手にすれば最低限必要なことは判る、というコンセプトは実現できたと自負しております。

　平成25年の業務委員会での企画立案からかなりの年数を要しましたが、ここに無事に「はじめて」シリーズが発刊されることは、当会としても大変な喜びです。

　「はじめて」シリーズで実務の基礎を知り、「マニュアル」シリーズで更に知識と理解を深めることで、きっと新人のみならずすべての弁護士にとって充実した弁護士活動が期待できるはずです。この本をお使いいただく皆さまの業務の充実と発展を心から祈念し、発刊の挨拶とさせていただきます。

　平成29年1月吉日

東京弁護士会　法友全期会
平成28年度代表幹事　中井　陽子

はしがき

　なりたての新人弁護士が、依頼者からの具体的な委任を受けたはいいものの、実際にどの様に事件処理をしていけばよいのか判らず不安を抱えるということは当然だといえます。いくら法科大学院を修了し、司法修習を経ているといっても、リーガルクリニックでの経験や白表紙起案、指導担当弁護士のもとでの教育だけでは残念ながら実際の事件処理をするための知識や経験を身につけるには十分ではありません。

　依頼者に対して弁護士として責任を持って弁護活動をできるようになるのは、現実の事件処理をこなしていくという経験を積むことが必要です。依頼者から弁護士報酬を支払ってもらいながら「新人だから…」「あまりやったことがない事案だから…」という言い訳はできません。

　民法や借地借家法などの「法律知識」や「要件事実」の理解が必要なのは当然ですが、知識だけでは現実の事件処理はできません。弁護士はどのようにして建物明渡請求という案件を処理解決していくのかという実務的な「解決法」（ノウハウ）が必要になってきます。しかし、新人・若手弁護士から求められているはずなのに、これに応える書籍はあまり見受けられません。

　そこで、若手弁護士の会派である法友全期会では、新人・若手弁護士にとって本当に必要な情報を提供するために「はじめてシリーズ」の出版を企画しました。依頼者から相談を受ける際の心構えからはじまり、訴状の提出の仕方、強制執行の現場で行われることなど、いわゆる知識習得のための専門書では知ることのできない生きた実務現場を解説するものです。そのために、建物明渡事件の取り扱い経験が豊富な弁護士を厳選し、議論検討を重ねながら執筆をしています。難しい理論構成や重要判例を解説するのではなく、建物明渡請求を受任した弁護士が、実務の予備知識がない状態であったとしても、適切な活動ができるための極めて実務的・実践的なノウハウをまとめています。また、イラストや図表も多用することで、より読みやすい本に仕上げたつもりです。

　この本を手にした新人・若手弁護士、あるいはキャリアはあってもたまたま建物明渡事件はやったことがない弁護士の皆さんが、この本を手元において頂ければ、はじめて受任する建物明渡事件に対する不安をきっと取り去って、安心して事件処理をできると願っております。

　本書の出版にあたっては、これまでにない企画であるにも関わらず全面的な支援を創耕社の宇野様には頂き、かなりの時間を要したもののここに無事発刊することができましたことを末尾ですが感謝申しあげます。

　平成29年1月

著者を代表して　弁護士　久保内　統

■執筆者一覧

岡田　卓巳（おかだ　たくみ）
志賀・飯田・岡田法律事務所
〒105-0001　東京都港区虎ノ門 5-11-12　虎ノ門アクトビル 5 階
平成 17 年弁護士登録（58 期）
第 3 章担当

[主な著書]
『賃貸住居の法律Q＆A』（編著・住宅新法社）、『Q＆Aでわかる民事執行の実務』（編著・日本法令）、『会社の再建と清算がわかる本』（共著・自由国民社）、『事例でわかる中小企業のための会社法Q＆A』（共著・三修社）

久保内　統（くぼうち　すぶる）
中島・彦坂・久保内 法律事務所
〒107-0052　東京都港区赤坂 3-21-4 新日本ビルディング赤坂 2 階
平成 12 年弁護士登録（52 期）
第 1 章、第 2 章、第 4 章 担当

[主な著書]
『アパート・マンション 大家さんのための 賃貸トラブル 法律知識＆円満解決法』（共著・日本実業出版社）『利益を守る契約書作成の実行手順』（著・中経出版）、『大家さんのためのアパート・マンション経営の法律常識』（共著・日本実業出版社）、『担保・抵当・保証の法律と書式・文例集―債権管理・回収に使える』（著・日本実業出版社）、『これで十分！民法大改正ガイドブック』（共著・ダイヤモンド社）

小石川　哲（こいしかわ　さとし）
小石川総合法律事務所
〒101-0052　東京都千代田区神田小川町 2-1　檜ビル 5 階 C
平成 19 年弁護士登録（60 期）
第 5 章担当

[主な著書]
『Q＆Aインターネットの法的論点と実務対応　第 2 版』（共著・ぎょうせい）、『株主総会の運営と決議Q＆A』（共著・第一法規）、『実践知財ビジネス法務』（共著・民事法研究会）、『倒産手続選択ハンドブック』（共著・ぎょうせい）『遺言の作成・執行実務マニュアル』（共著・新日本法規）、『3・11 震災法務Q＆A』（共著・三和書籍）

辻角　智之（つじかど　ともゆき）
みらい総合法律事務所
〒102-0083　東京都千代田区麹町 2-3 麹町プレイス 2 階
平成 19 年弁護士登録（60 期）
第 6 章、第 7 章担当

[主な著書]
『債権法改正を考える』（共著・第一法規出版）、『応用自在！内容証明作成のテクニック』（共著・日本法令）、『遺産相続紛争事例データファイル』（共著・新日本法規）、『Q＆Aでわかる民事執行の実務』（共著・日本法令）

●イラスト／鶴貝　雅史

目　次

- 発刊によせて
- 発刊にあたって
- はしがき
- 執筆者一覧

第1章　はじめに

1 はじめに …………………………………………………………………… 2

2 建物明渡の全体像 ……………………………………………………… 3

　　Step.1　相談（第2章） ………………………………………… 4
　　Step.2　保全（第3章） ………………………………………… 5
　　Step.3　任意交渉（第4章） …………………………………… 6
　　Step.4　訴訟（第5章） ………………………………………… 7
　　Step.5　強制執行・明渡（第6章） …………………………… 8
　　Step.6　強制執行・債権回収（第7章） ……………………… 9

3 この本で取り上げる事例 …………………………………………… 10

第2章　受任

1 法律相談の際に確認しておくべきこと ………………………… 12

　　1.　相談者の話 …………………………………………………… 12
　　2.　相談の際にかならず確認をしておくべき事項 …………… 12

2 資料のチェック ……………………………………………………… 14

　　1.　相談時にすべての資料が揃っていることはまずない …… 14
　　2.　相談者に用意してもらう資料 ……………………………… 14
　　3.　弁護士が揃えることになることが多い資料 ……………… 14

3 見通しの説明 ………………………………………………………… 15

　　1.　見通しの説明 ………………………………………………… 15
　　2.　明渡請求認容の要素 ………………………………………… 16
　　3.　選択手段 ……………………………………………………… 16

4 とるべき手続の説明 ………………………………………………… 18

　　1.　手続の選択と提案 …………………………………………… 18
　　2.　各手続のメリット・デメリット …………………………… 18

5 時間と費用の説明 ·················· 20
1. 紛争解決までのおおまかなタイムスケジュール ·············· 20
2. 保全、執行に要する時間 ·············· 22
3. 一連の手続に要する費用 ·············· 23

6 受任手続 ·················· 23
1. 委任契約 ·············· 23
【実費費用の計算の記載例～実費等計算書】●25
2. 委任状 ·············· 26
3. 弁護士報酬 ·············· 26
【委任状の記載例①】●27／【委任状の記載例②～訴訟委任状】●28

7 催告 ·················· 29
1. 支払催告 ·············· 29
2. 解除催告 ·············· 29
【支払及び解除の催告書の記載例～催告書】●30

第3章 保全処分

1 法律相談の際に確認しておくべきこと ·················· 32
1. 相談者の話 ·············· 32
2. 占有移転仮処分の効力が及ぶ範囲 ·············· 33
3. どんなときに占有移転禁止仮処分を検討するべきなのか ·············· 33

2 仮処分申立ての準備をする ·················· 34
1. 占有移転禁止仮処分の手続の流れ ·············· 34
2. 占有状態を確認する ·············· 35
3. 管轄裁判所を検討する ·············· 35
4. 裁判所の運用を確認する ·············· 36
5. 仮処分手続に必要な費用を確認する ·············· 36

3 必要な資料を集める ·················· 37
1. 申立てに必要となる資料 ·············· 37
2. 賃貸借契約書 ·············· 38
3. 入金履歴など ·············· 38
4. 解除通知・配達証明書 ·············· 39
5. 建物図面 ·············· 39
6. 住宅地図（ブルーマップ） ·············· 39
7. 住民票・自動車検査証 ·············· 40
8. 報告書 ·············· 40

【仮処分申立委任状の記載例～訴訟委任状】●41／【供託委任状の記載例】●42／
【報告書の記載例】●43

④ 仮処分の申立書を作成する ··········44
1. 申立の趣旨 ··········44
2. 被保全権利及び保全の必要性 ··········44
3. 当事者目録及び物件目録 ··········45
【申立書の記載例～占有移転禁止仮処分命令申立書】●46／
【当事者目録の記載例】●48／【物件目録の記載例】●49

⑤ 仮処分を申し立てる ··········49
1. 申立書の提出（受付審査） ··········50
2. 裁判官面接 ··········51

⑥ 担保提供～仮処分決定の発令 ··········52
1. 担保提供の窓口 ··········52
2. 供託の方法 ··········53
【管轄外供託の上申書の記載例～管轄外供託の許可申請書】●53／【供託書】●54
3. 仮処分決定の発令 ··········54
【遅らせ上申書式の記載例～送達延期の上申書】●56
4. 担保の取消し ··········56
【供託原因消滅申請の記載例～供託原因が消滅したことの証明申請】●58／
【取戻し委任状の記載例～供託委任状】●59

⑦ 仮処分執行の申立て ··········60
1. 執行の申立て ··········61
【面接票】●61／【仮処分執行申立書の記載例】●63
2. 執行補助業者への連絡 ··········66
3. 執行官との打合せ ··········66

⑧ 占有移転禁止の仮処分の執行 ··········67
1. 仮処分執行当日までの準備 ··········68
2. 執行当日 ··········69
3. 執行への立会い ··········69
4. 仮処分調書の送付 ··········70
【仮処分調書の記載例】●71

⑨ 予期せぬ占有者が現れた場合 ··········74
1. 占有移転禁止の仮処分が執行不能となる場合 ··········74
2. 再度の申立て・追加の申立て ··········74
3. 債務者を特定しない占有移転の禁止の仮処分 ··········75
【執行不能調書の記載例】●76

第4章 任意交渉

1 交渉に入る前の打合せ ·· 78
   1. 依頼者との打合せ ·· 78
   2. 妥協・譲歩の必要性とリスクは説明をする ·············· 79
   3. 交渉のための「枠」をもらっておく ························ 80

2 交渉のありかた ··· 81
   1. 任意交渉の意味合いと目的 ···································· 81
   2. 任意交渉に臨む基本的な姿勢 ································ 81
   3. 任意交渉の基本的な進め方 ···································· 82

3 妥協点の見いだし方 ··· 82
   1. 任意交渉〜相互の妥協に向けての依頼者との準備作業 ······· 82
   2. 具体的な妥協点 ·· 83

4 明渡合意 ··· 86
   1. 明渡合意の内容・条件 ·· 86
   2. 合意内容形成の注意点 ·· 87
   【明渡合意書の記載例】●88

5 即決和解（訴え提起前の和解） ································· 90
   1. 明渡の債務名義の取得〜即決和解 ························ 90
   2. 即決和解の具体的な手続 ······································ 91
   3. 即決和解の手続の注意点 ······································ 91
   4. 即決和解の手続費用 ·· 91
   【和解申立書の記載例〜訴え提起前の和解申立書】●93／
   【訴訟委任状の記載例】●96

6 明渡立会い〜明渡確認、所有権放棄 ························· 97
   1. 明渡立会いの意義 ·· 97
   2. 明渡期限までになすべきこと ································ 97
   3. 明渡立会いで行うこと ·· 98
   4. 明渡確認書 ··· 98
   【明渡確認書の記載例〜明渡及び所有権放棄の確認書】●99

7 連帯保証人の扱い ··· 100
   1. 金銭債務の保証 ·· 100
   2. 連帯保証人の存在意義を再確認 ···························· 100
   3. 明渡実現に向けて連帯保証人とのやりとり ·············· 100

第 5 章　訴訟

1 訴訟提起の準備 ……………………………………………………………102
　1．必要資料の用意 ……………………………………………………103
　2．資料の取得方法 ……………………………………………………104

2 相手方の特定 ………………………………………………………………106
　1．相手方に事情変更が生じている場合 ……………………………107
　2．相手方に賃借人以外の占有者が登場している場合 ……………107

3 相手方の現状等の調査方法 ………………………………………………108
　1．相手方の所在調査 …………………………………………………108
　2．相続人の調査 ………………………………………………………110
　3．成年後見などの調査 ………………………………………………111
　4．被告の取捨選択〜特に保証人の扱い ……………………………111

4 訴状（基本編）………………………………………………………………112
　1．概要 …………………………………………………………………112
　2．請求原因の記載の基本 ……………………………………………112
　3．訴状の記載における注意点 ………………………………………115
　　【建物明渡訴状の記載例〜訴状】●119 ／【当事者目録の記載例】●121 ／
　　【物件目録の記載例】●121

5 訴状（発展編）………………………………………………………………122
　1．駐車場の明渡 ………………………………………………………122
　　【駐車場の物件目録の記載例】●122 ／【駐車場の図面の記載例】●122 ／
　　【駐車場利用区画を合わせた請求原因の記載例】●123
　2．訴状での解除の意思表示 …………………………………………124
　　【訴状の送達で解除の意思表示をする訴状の記載例】●124

6 申立てと期日指定 …………………………………………………………125
　1．申立てから第 1 回期日までの大まかな流れ ……………………125
　2．訴状提出 ……………………………………………………………126
　3．訴状受付後第 1 回口頭弁論期日まで ……………………………127

7 送達・公示送達 ……………………………………………………………128
　1．送達 …………………………………………………………………129
　2．再度の送達 …………………………………………………………129
　3．付郵便 ………………………………………………………………129
　4．公示送達 ……………………………………………………………130
　5．調査報告書 …………………………………………………………130

【再送達の上申書（休日送達）の記載例】●131／
　　【付郵便の上申書の記載例～書留郵便に付する方法による送達の上申書】●132／
　　【付郵便上申に添付する調査報告書の記載例～調査報告書】●133／
　　【公示送達の上申書の記載例～公示送達申立書】●134／
　　【公示送達上申に添付する調査報告書の記載例～調査報告書】●135

8 口頭弁論 ……………………………………………………………………136
　1. 第1回口頭弁論期日前 …………………………………………………136
　2. 第1回口頭弁論期日 ……………………………………………………137
　3. 弁論準備 …………………………………………………………………139
　4. 相手方に代理人が就いている場合 ……………………………………139

9 和解 …………………………………………………………………………140
　1. 和解成立まで ……………………………………………………………140
　2. 裁判所の和解勧告案 ……………………………………………………141
　3. 当事者の同行 ……………………………………………………………141
　4. 和解の成立 ………………………………………………………………142
　　【和解条項の一例】●143

10 判決・控訴 ………………………………………………………………144
　1. 判決言渡 …………………………………………………………………144
　2. 判決言渡後～強制執行へ ………………………………………………144
　3. 判決言渡後～控訴 ………………………………………………………145

第6章　強制執行（明渡）

1 申立前の任意交渉 …………………………………………………………148
　1. 明渡の強制執行の手続の流れ …………………………………………149
　2. 申立前の任意交渉 ………………………………………………………149
　　【明渡を約束させる書面の記載例～明渡約定書】●150／
　　【明渡を合意する書面の記載例～合意書】●151

2 申立て ………………………………………………………………………152
　1. 資料の準備 ………………………………………………………………152
　2. 申立書の提出 ……………………………………………………………154
　　【強制執行申立書の記載例】●155／【執行分付与申請書の記載例】●159／
　　【送達証明申請書の記載例】●160／【判決確定証明申請の記載例】●161

3 執行官面接 …………………………………………………………………162
　1. 執行官面接の現場 ………………………………………………………162

2. 執行官が確認する事項 ································164
　　【援助申請上申書の記載例〜上申書】●166

④ 執行催告 ································167
　　1. 執行催告の現場 ································167
　　2. 執行催告における手続（建物）················169
　　3. 催告手続（駐車場）··························171
　　4. 執行催告における弁護士の役割 ··············172
　　5. 執行催告後 ····································172

⑤ 明渡執行 ································173
　　1. 明渡執行（断行）における手続（建物・駐車場）········175
　　2. 明渡執行（断行）における弁護士の役割 ·············176
　　3. 断行の中止 ····································177

⑥ 競り売り ································177
　　1. 競り売り ·······································178
　　2. 即日売却・近接日売却 ························178
　　3. 通常の動産執行の売却の例による方法（民執規則154条の2第1項）···179
　　4. 自動車の取扱い ································179
　　5. 売却手続及び売却後の処理 ···················179

第7章　強制執行（債権回収）

① 執行申立前 ································182
　　1. 勝訴判決を取った後の任意交渉の意義 ············182
　　2. 任意交渉のありかた ····························183
　　【債務返済合意の記載例〜合意書】●184

② 強制執行の申立ての準備 ················185
　　1. 情報の整理〜差し押さえる財産の探索と選別 ······185
　　2. 資料の準備 ····································187
　　3. 管轄 ···189

③ 申立書 ································190
　　1. 手数料等 ······································190
　　2. 当事者目録 ····································190
　　3. 請求債権目録 ··································190
　　4. 差押債権目録 ··································191
　　5. 第三債務者の陳述 ····························193
　　【債権差押命令申立書の記載例】●194／【当事者目録の記載例】●195／

【債務名義上の住所氏名に変更があったときの記載例〜当事者目録】●196／
【請求債権目録の記載例】●197／
【預金債権（既発生利息も差し押さえる場合）の記載例〜差押債権目録】●198／
【貯金債権（株式会社ゆうちょ銀行）の記載例〜差押債権目録】●199／
【貯金債権（独立行政法人郵便貯金・簡易生命保険管理機構）の記載例〜差押債権目録】●200／
【第三債務者に対する陳述催告の申立書の記載例】●201

❹ 取立・回収 ……………………………………………… 202
1. 債権執行における換価方法 ……………………… 203
2. 取立権の発生時期 ………………………………… 203
3. 取立ての方法 ……………………………………… 204
4. 取立後の処理 ……………………………………… 204
【取立（完了）届の記載例】●205

事項別索引 ………………………………………………… 206

凡　例

供　託……………供託法
民　執……………民事執行法
民訴規則…………民事訴訟規則
民　訴……………民事訴訟法
民　保……………民事保全法
民保規則…………民事保全規則

第1章

はじめに

1 はじめに

　どれだけ優秀な弁護士にも、どれだけキャリアのある弁護士にも、「はじめて」受任して、右も左もわからない中で戸惑いながら事案処理をしたという新人の時期は均しくあります。法科大学院や司法修習中にある程度の実務を目にしているとはいっても、実際に自分が依頼者を背負って事案処理をする、つまりその依頼者に対して責任を負う立場で事案処理をすることには不安を覚えて当然です。

　弁護士の世界は長らく徒弟制度のようなものでした。弁護士バッジを着けて「イソ弁」として法律事務所に入所します。最初のうちはボス弁や兄弁・姉弁に手取り足取り教わりながら、ひとつひとつ事案処理を積み重ね、その中で実務のノウハウと、そして自信をつけていくのが弁護士としての成長過程でした。

　しかし、最近は既存の法律事務所には就職できず、やむなく「即独」を強いられたり、就職できても「ノキ弁」として、ボス弁や兄姉弁からの十分な指導教育も期待できなかったりする新人弁護士も少なくありません。せっかく就職できても、十分な経験を積めないうちに早期独立を迫られることもあれば、イソ弁になれてもかつてのような手厚い指導教育を受けることが期待できない弁護士もいます。ボス弁から「これやっておいて！」といわれてもドキドキ不安感いっぱいでしょう。

　このような実情があったとしても、弁護士バッジを着けた以上、依頼者にとっては「弁護士」であることには変わりありません。依頼者から相談を受けて「わかりません」「できません」では、弁護士としての沽券に関わります。

　ところが、実際に受任してみると、「実務」はわからないことだらけです。法科大学院時代や修習時代に習ったことは、どちらかというと知識が中心です。例えば仮処分の申立書の起案は教わり、基本的な事案なら起案できるでしょう。では、その申立書はどこに出すのか（裁判所の受付はどこにあるのか？）、提出の際には何を用意するのか（印紙はどうするのか、必要部数は？）、申立てをした後の裁判官との面接はどうなっているのか（いつ面接するのか、何を聞かれるのか？）などは、実際に実務に出てからでないと覚える機会もありません。まして強制執行になると、申立ての場所（東京地裁の場合、民事執行センターは霞ヶ関本庁内にはない）、執行官との面接の仕方（何を用意していくのか？）、執行の現場で代理人弁護士は何をし、何ができるのか、などは経験がないとまったくというほどわからないことだらけです。

　対裁判所だけではありません、相談を受けて受任することになった際に、依頼者に何を用意してもらう必要があるのかも、わかっているようで知らないことが多々あると思います。裁判を提起するにしても、証拠が必要ですが、どのような証拠が必要なのか。添付書

類は何が必要で、どうすれば（何処に行けば）入手できるのか。あるいはそもそもの話として、依頼者からどのような事実関係を確認しておくことが必要なのか、考え始めるときりがありません。

新人弁護士向けの弁護士会の研修もあれば、事案処理のために有益な実務書もたくさんあります。しかし、多くの場合には知識に重点がおかれたものとなっているため、研修を受けて実務書を手にしても、「はじめて」自分自身で代理人活動をするのには心許ないことは否定できません。いってみれば自動車教習所ではじめて路上教習に出るのと同じような不安を抱えながら、汗まみれでハンドルを握っているような心境でしょう。

弁護士向けの実務書は数多の良書がありますが、どの本も弁護士としてのある程度の経験があることを前提として執筆されています。詳細な解説や参考判例などは充実して記載されていても、その手前、「依頼者からまず何を聞き出せばいいのか」「裁判所に提出する書類は何と何か」などの基本知識や実務上必要となる手続を丁寧に説明している書籍はほとんどみられません。

この本は、「はじめてシリーズ」として実務経験が少ない弁護士であっても、あるいは初めて受任する種類の案件であっても、まずこの一冊を手にすれば最低限必要なことはわかる、というコンセプトでまとめ上げています。

その第1冊目として、新人弁護士でもよく相談を受けるであろう「建物明渡」をテーマとして取り上げました。

実務のイロハをこの本でまず確認し、受任案件の解決のための最初の一歩を踏み出すために役立てていただければ幸いです。

2 建物明渡の全体像

あなたは建物明渡等の相談を受けることになりました。相談者から依頼があれば訴訟手続なども受任することになるでしょう。とはいえ、建物明渡事案の解決手段は訴訟だけではありません。賃借人との話し合いの中で決着することもあるでしょう。他方で、一筋縄ではいかない賃借人だと、強制執行で明渡しがようやく実現する場合もあれば、予め保全手続を講じておかないと安心して訴訟提起もできない場合もあります。

以下では、建物明渡の全体像を時系列で目次代わりにまとめてあります。あなたが受任した事案に合わせて、それぞれの章の解説を見てみましょう。

【建物明渡の鳥瞰図】

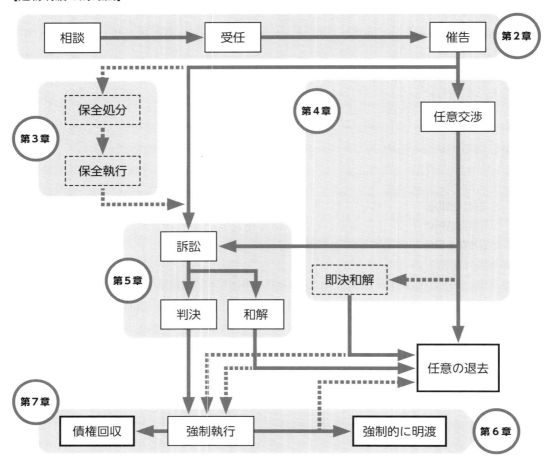

step.1　相談（第2章）

　受任の入口は法律相談です。ただ漠然と相談者の話を聞いていては先の見通しを誤ることもあります。必要な事項をきちんと確認することや、受任後の手続に応じて必要となる資料を相談者に伝えて用意をしてもらうことが必要になってきます。

- □ 相談の際に必ず確認をしておくべき事項 ⇒ 12頁
- □ 相談者に用意をしてもらう資料 ⇒ 14頁
- □ 見通しの説明 ⇒ 15頁
  - ・債務不履行解除の判断要素と注意点など
- □ 明渡実現のためにとるべき手続の選択と説明 ⇒ 18頁
  - ・各手続のメリットとデメリット
- □ 紛争解決までに要する時間 ⇒ 20頁
- □ 一連の手続に要する費用 ⇒ 23頁
- □ 受任手続（委任契約）⇒ 23頁
- □ 明渡請求の催告通知 ⇒ 29頁

必要性を感じたときは任意交渉や訴訟提起に先だって仮処分を実施

Step.2　保全（第3章）

　明渡の認容判決をもらっても、気がついたら被告とは違う人・法人が建物を占有していたなどとなっては、折角の裁判が無に帰してしまいます。たちの悪いと思われる賃借人や、あるいは賃借人以外に建物を実際に占有している人・法人がいると思われる場合には、予め占有移転禁止の仮処分を行うことが必要になってきます。
　まずは仮処分の準備を見てみましょう。

　□占有移転禁止の仮処分の効力 ⇒ 33頁
　□どんなときに占有移転禁止仮処分を検討するのか ⇒ 33頁
　□占有移転仮処分の手続の流れ ⇒ 34頁
　　・占有状態の確認は？
　　・管轄裁判所は？
　□必要となる費用 ⇒ 36頁
　□申立てに必要な資料 ⇒ 37頁
　□申立書の起案 ⇒ 44頁
　　・申立の趣旨・被保全権利・保全の必要性・目録

　無事に準備が整ったら裁判所への申立てとなります。保全命令の申立ては訴訟手続とは大きく異なり、極めて短時間で全ての手続を履践しなければなりません。

　□仮処分の申立て ⇒ 49頁
　　・裁判官面接・釈明・担保決定
　□担保提供 ⇒ 52頁
　　・担保提供はどこにする？
　　・供託の方法と必要になる書類
　□仮処分命令の発令 ⇒ 54頁

　占有移転禁止の仮処分の発令を受けたら、仮処分の執行の申立てをします。ここから先は執行官が登場してきます。

　□執行の申立て ⇒ 61頁
　　・申立書類・必要書類
　□執行補助者への依頼 ⇒ 66頁
　　・執行補助者とは？
　　・かかる費用
　□執行官との打合せ ⇒ 66頁
　　・執行日時の調整・鍵の解錠の要否の確認
　□仮処分の執行 ⇒ 67頁
　　・執行当日までに準備すること
　　・執行当日の立会いと執行の現場の流れ
　□予期せぬ占有者が発覚した場合 ⇒ 74頁
　　・再度の執行申立て
　　・債務者を特定しない占有移転禁止の仮処分

- □（無事に解決したときの）担保の取消し ⇒ 56 頁
  - 担保取消原因と供託原因消滅証明書の取得
  - 担保の取戻請求

> 仮処分が無事に終わり、占有者に対する不安が払拭できたら賃借人との直接交渉や訴訟の提起に進む

Step.3　任意交渉（第 4 章）

　明渡を求めていきなり訴訟提起がよいとは限りません。よく話し合えば解決の糸口がつかめる場合もありますし、任意の話し合いで決着がつくときは賃貸人（依頼者）にとって費用や時間の軽減にもつながり、賃借人との精神的な確執を残さないですむというメリットもあります。
　まずは賃借人との話し合いの場を持ち、任意交渉での解決を模索し、それが適わないときに訴訟提起に移行するという流れで進めるのがよいでしょう。

- □依頼者との打合せ ⇒ 78 頁
  - 妥協点、譲歩の必要性やリスクの説明
  - 交渉のための「枠」の設定
- □任意交渉の意味合いと優劣 ⇒ 81 頁
- □任意交渉の基本的な進め方 ⇒ 82 頁
- □妥協点の見いだし方 ⇒ 82 頁
  - 具体的な妥協点の例〜明渡時期、滞納賃料免除等

　賃借人との間で無事に話し合いがまとまりそうなときは、書面を作成して明渡合意を取り付けることになります。明渡時期がかなり先になる、一定の金員の支払いと明渡が牽連関係になる合意にするなどの場合には「訴え提起前の和解」の活用も考えます。

- □明渡合意の内容・条件 ⇒ 86 頁
  - 合意書ではなにをどのように取り決めるのか
  - 合意内容の注意点
- □訴え提起前の和解〜明渡の債務名義の取得 ⇒ 90 頁
  - 申立ての手続と注意点
  - 手続費用

　また任意交渉の場合には特に連帯保証人の存在が大きく結論を左右することがあります。連帯保証人と賃借人の人的関係などを適切に念頭におきながら交渉をすすめることが円滑な解決の実現に有用です。

- □連帯保証人の扱い ⇒ 100 頁
  - 明渡時実現に向けての連帯保証人とのやりとり

　賃借人との明渡合意ができたときも、実際の明渡の完了まで気を抜かずに賃借人とのやり取りを重ねることが必要になります。

- □**明渡期限までにすること** ⇒ 97 頁

第1章 はじめに

- ☐ 明渡の立会い ⇒ 98 頁
- ☐ 明渡確認書などの作成と提出 ⇒ 98 頁

> 任意交渉では決着が計られないと見込まれるときは訴訟提起に舞台を進める

Step.4 訴訟（第5章）

　訴訟手続が弁護士にとっては最も馴染みのある手続であり、そのための研修を法科大学院や実務修習でも重ねてきているはずです。しかし、実際に裁判所でどのような手順で手続を進めていけばよいのか、どのような証拠を揃えればよいのかなどは実務経験を踏まないとわからないことがたくさんあります。
- ☐ 訴訟のための資料の確保 ⇒ 103 頁
    - ・書証や添付資料として必要なもの
- ☐ 必要資料の取得方法 ⇒ 104 頁
    - ・不動産登記簿や評価証明書の取得方法

　訴訟提起をする「相手方」が誰なのかの特定で問題が生ずることもあります。本書の設例では、賃借人以外のものが建物を占有している可能性がある事案ですので、被告の特定も必要になります。また、被告（特に連帯保証人）の所在が不明の場合の扱いも実務では重要な問題になってきます。
- ☐ 相手方の特定 ⇒ 106 頁
    - ・相続人関係調査の方法
- ☐ 再送達、公示送達、付郵便 ⇒ 128 頁
    - ・所在調査の方法と内容
    - ・所在不明の場合の調査報告書

　明渡の訴状の起案は法科大学院でも司法修習でも経験はしていると思いますが、簡単なようでいて実務的に難しい問題点もかなりあります。本書の設例でも、独自の契約を締結していない駐車場の取扱い（自動車の撤去、明渡）や、区分所有建物ではない建物の一室の特定方法など、留意するべき事項があります。
- ☐ 訴状の記載方法、記載内容 ⇒ 112 頁
    - ・賃借人、保証人に対する未払賃料請求を含む請求
    - ・物件目録の記載方法
    - ・図面による物件の特定方法
- ☐ 駐車場の明渡請求 ⇒ 122 頁
    - ・物件（駐車場区画の）の特定方法
- ☐ 証拠の作成と提出 ⇒ 103 頁
- ☐ 裁判所への訴状の提出 ⇒ 126 頁
    - ・受理・補正命令
    - ・事件番号と法廷の確認と期日の調整

> すべて整ったところで訴訟係属、審理開始

さて、ここまで完了したらいよいよ審理が始まります。
- □ 係属後、期日前までの裁判所とのやりとり ⇒ 127 頁
- □ 口頭弁論期日 ⇒ 137 頁
  - ・相手方欠席の場合
  - ・相手方本人が出廷してきた場合の注意事項
- □ 弁論準備と和解 ⇒ 139 頁
  - ・弁論準備期日の進行
  - ・和解
  - ・和解条項案の策定
- □ 和解の成立
  - ・和解条項の送達
- □ 判決言渡
  - ・判決の送達

　無事に和解が成立すれば、多くの場合、その和解内容に従って賃借人は明渡を実施してきます。この場合には任意交渉の場合と同様に明渡完了まで積極的に関与することが必要になってきます（⇒ 97 頁）。

　しかし、賃借人が和解条項を反故にして退去しない場合や、和解ができず判決になり、その判決にも自発的に従おうとしない場合もありますので、その場合には強制的に明渡を実現させることが必要になります。

> 和解を履行せず、判決が出ても任意に明渡をしなければ強制執行の手続を進める

Step.5　強制執行・明渡（第 6 章）

　明渡の判決を得たら、その判決内容を実現するために強制執行の手続に入ります。執行手続は座学や書籍だけでは実務対応ができない現場の知識や経験が大事になります。
- □ 執行申立前の任意交渉 ⇒ 149 頁
- □ 強制執行の申立て ⇒ 152 頁
  - ・弁護士が準備する資料〜執行文、送達証明書、判決確定証明申請書・受書
  - ・依頼者（賃貸人）に準備してもらう資料
  - ・管轄
- □ 申立書の起案 ⇒ 154 頁
- □ 執行官面接 ⇒ 162 頁
  - ・執行官から確認を求められる事項〜占有状況、賃借人の状況、合鍵、執行補助者、車両の状況
- □ 執行催告 ⇒ 167 頁
  - ・執行催告における手続の流れ
  - ・執行催告における弁護士の役割
  - ・執行催告後の任意交渉

　執行催告が終わると明渡の断行までは待ったなしになります。催告後も債務者（賃借人）

が占有をし続けているのかを確認し、執行補助者と当日の作業の段取りの確認などを済ませて、断行に臨みます。
　　□明渡執行（断行）における手続 ⇒ 167 頁
　　　・当日の準備、集合
　　　・物件内への立入り
　　　・動産類の運び出し
　　　・搬出した動産の保管
　　□明渡執行（断行）における弁護士の役割 ⇒ 172 頁

　明渡の断行が完了しても、搬出して保管している動産類の処分がまだ残っています。その手続が完了するまでは明渡の執行手続は終わりません。
　　□即日売却・近接日売却 ⇒ 178 頁
　　□通常の動産執行の売却の例による方法 ⇒ 179 頁
　　□自動車の取扱い ⇒ 179 頁
　　□売却後の処理 ⇒ 179 頁

> 建物の明渡と合わせて滞納賃料についても債権回収をはかるべく強制執行手続を進める

Step.6　強制執行・債権回収（第 7 章）

　強制執行は債権回収についてもできます。しかし債権の回収可能性は決して高いものではないという現実を踏まえて手続を選択し進めることが重要になってきます。
　　□申立前の任意交渉 ⇒ 182 頁
　　　・任意交渉をする意義、交渉内容、合意書面
　　□申立てのための資料の準備 ⇒ 187 頁
　　　・弁護士が準備する資料～執行文、送達証明書、判決確定証明書申請書・受書など
　　　・依頼者（賃貸人）に準備してもらう資料
　　　・管轄
　　□申立書の起案 ⇒ 190 頁
　　　・手数料等
　　　・当事者目録
　　　・請求債権目録
　　　・差押債権目録　～差押対象財産ごとにことなる目録
　　　・第三債務者の陳述

　無事に申立てができ、現実の回収ができるとなれば、具体的な取立ての手続に入ります。
　　□取立て・回収 ⇒ 202 頁
　　　・債権執行における換価方法
　　　・取立権の発生時期
　　　・取立ての方法
　　　・取立後の処理

この本で取り上げる事例

　この本では、相談から、保全、任意交渉、訴訟、そして強制執行までを各ステージごとに章立てしています。各ステージごとの説明は独立して完結させていますので、どこから読んでも実務対応できるようになっていますが、最初から通して読んで頂くことで、建物明渡のすべてを網羅できるようになります。

　この本で取り上げている事例は以下のようなものになります。なお、住所、個人名、法人名などはいずれも架空のもので実在する人物・団体等とは関係ありません。

【関係当事者】

甲山　巧美：賃貸人（債権者・土地建物所有者）
〒162-0088　東京都新宿区中新宿2丁目4番8号
乙川　太郎：賃借人（債務者）
〒101-0076　東京都千代田区霞が関1丁目1番3号かすみマンション401
（後日明らかになる賃借人の同居人：乙川　智子（妻）、乙川　哲夫（子））
乙川　修：連帯保証人（賃借人の父）
〒351-0018　埼玉県和光市和泉町2丁目3番8号
中西　靖雄：賃貸人の代理人（弁護士）
〒107-0066　東京都港区赤坂見附1丁目2番3号弁護士ビル4階　芳友法律事務所
電話 03-3555-xxxxx　　FAX 03-3556-xxxx

【賃貸物件の表示】

住居表示	東京都千代田区霞が関1丁目1番3号かすみマンション401
マンション名	かすみマンション
賃借部分	401号室（契約面積48.50m²）
	（登記簿上の表示）※区分所有建物ではない
所 在 地	東京都千代田区霞が関1丁目1番3号
家屋番号	1番3号
種　　類	共同住宅
構　　造	鉄筋コンクリート造陸屋根5階建
床 面 積	1階　322.20m²　2～5階　285.60m²

【主な賃貸条件】

- 利用目的は住居
- 期間2年間で更新特約あり（過去に更新2回）
- 賃料月額10万円、共益費月額1万円
- 延滞損害金年10％
- 2か月分の家賃滞納で無催告解除ができる特約
- 敷金として家賃2か月分（20万円）を預託
- 契約解除後明渡完了までは賃料の2倍相当額の損害金の特約

第2章

受 任

1 法律相談の際に確認しておくべきこと

1. 相談者の話

　本日は弁護士会の法律相談の日。相談室で待つあなたのもとにやってきた甲山巧美さんの相談は、建物の明渡を求めたいというものです。

> **甲山**　「私が賃貸しているマンションなんですが、入居している乙川太郎という人が、もう半年以上も賃料を滞納しているんです。不動産屋さんにもお願いして家賃の督促をしているのですが全然支払をしてくれません」
> 　「滞納されている家賃も回収もしたいですが、これからも滞納されるくらいなら早く出て行ってもらいたいです。不動産屋さんからも新しい入居者を募集した方がいいといわれているんです」
> 　「ぜひ先生にお願いしたいのです、よろしくお願いします」

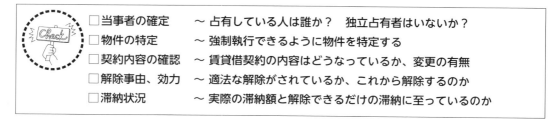

　新人弁護士のあなたにとって、初めてとなる「建物明渡」です。「わかりました、やりましょう！」と受任するのはよいですが、きちんと解決できるかどうか、まずは、相談者の甲山巧美さんから聞き出しておくべき事項をまとめてみましょう。

2. 相談の際にかならず確認をしておくべき事項

	□当事者の確定	〜 占有している人は誰か？　独立占有者はいないか？
	□物件の特定	〜 強制執行できるように物件を特定する
	□契約内容の確認	〜 賃貸借契約の内容はどうなっているか、変更の有無
	□解除事由、効力	〜 適法な解除がされているか、これから解除するのか
	□滞納状況	〜 実際の滞納額と解除できるだけの滞納に至っているのか

(1) 当事者の確定

　「相談者＝建物所有者・賃貸人」とは限りません。名義を妻にしている夫からの相談や、年老いた親の代わりに子どもが相談にきている場合もあります。また、建物の所有者と賃貸人が異なる場合（節税のために法人をつかって賃貸（転貸）している場合）もあります。
　特に賃借人が誰なのか、相続などで賃借人が変更している場合や、賃借人以外に建物を

占有しているものがいないのか（単なる同居人なのか、転貸などで独立占有をしているのか）なども確認をしなければいけません。ほかにも連帯保証人の有無や、賃借人が法人の場合にはその代表者の特定も必要になってきます。

(2) 物件の特定

裁判手続（保全、訴訟、執行のいずれの段階でも）では賃貸物件の特定は厳格に行わなければなりません。せっかく明渡判決を得たのに、最後に強制執行ができなくなってしまうなどの失敗は許されません。登記事項証明書だけでは物件を特定できない（区分所有になっていない）アパート・マンションでは、「202号室」といった部屋番号だけでは執行をしてもらえないことにも注意しなければなりません。

建物が区分所有なのか、図面があるのか、建物以外に単独に使用権限のある施設等（敷地内の駐車場等）があるのか、なども聞き出さなければいけません。登記事項証明書や図面を持ってこない相談者が多いですが、早期に取り寄せて確認をするようにします。

(3) 契約内容の確認

賃貸借契約の内容、賃料・共益費や預かり敷金、解除事由や無催告解除の規定があるのかは必ず確認をしておきます。相談者も契約書は持ってくるものですが、直近の契約書だけしか持ってこないこともあります。必ず当初の契約書から更新契約まですべて目を通すようにします（途中で契約条件や連帯保証人が変更になっている場合があります）。敷地内駐車場も貸している場合、駐車場契約は別なのかもチェックしておく必要があります。

(4) 解除事由、解除の効力の確認

明渡を求めたい場合、すでに解除済なのか、これから解除催告をしなければいけないのかも確認します。解除通知をしている、という場合であっても、法的に解除の効果が生じていない場合もありますから、最終的には書面での確認を怠らないようにします。

(5) 滞納状況の確認

6か月の家賃滞納と相談者が話をしていても、6か月（分）連続して滞納しているのか、累計なのか、家賃の充当方法はどうなっているのか（新しいものから充当していると、超長期滞納者の場合には過去の賃料債権が時効で消えている場合もあります）、裏付けとなる記録に基づいて確認をしておく必要があります。

賃貸借契約の解除の場合には信頼関係破壊の法理が引き出されてきます。幅がありますが、訴訟提起の時点で4か月分以上の滞納がないと、解除そのものを認めてもらえないケースも現実にあります。2か月分程度の滞納だと、訴状が賃借人に送達された瞬間に支払をしてきて滞納が解消されてしまうようなケースもあります。明渡を確実に行わせるのであれば、滞納の有無だけでなく、「どの程度まで滞納額を増やすのか」を考えることも政策的に必要になる場合があります。

2 資料のチェック

1．相談時にすべての資料が揃っていることはまずない

　法律相談にきた相談者が、事実関係の確認に必要となる資料（将来の証拠資料）をすべて持ってくると期待すること自体が無理です。せいぜい賃貸借契約書があればよし、という段階からのスタートになります。

　相談者から話を聞いて、明渡が認められるかどうかの目鼻をつけることや、交渉で決着がつきそうなのか、訴訟手続が必要か、事前の保全も必要かの見当をつけることは必要です。しかし、最終的な判断は必要資料をすべて揃えた上でになります。最初の相談の際には、不足していた資料については次回の相談（打合せ）の際までに（可能な限り）原本を持ってきてもらうように指示をしておきます。

2．相談者に用意してもらう資料

　賃貸人本人（またはその家族等）である相談者自身がすぐに揃えられるはずの資料は、おおよそ以下のものになります。賃貸人ではなく、物件の管理会社に預けている場合もあります。その場合には、賃貸人本人からではきちんと説明が伝わらないこともありますので、管理会社の担当者に弁護士自身が依頼をすること（できればその後の打合せにも同席をしてもらうお願いもする）を実行しましょう。

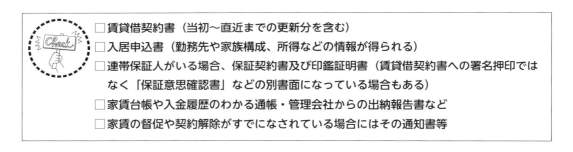

- □ 賃貸借契約書（当初〜直近までの更新分を含む）
- □ 入居申込書（勤務先や家族構成、所得などの情報が得られる）
- □ 連帯保証人がいる場合、保証契約書及び印鑑証明書（賃貸借契約書への署名押印ではなく「保証意思確認書」などの別書面になっている場合もある）
- □ 家賃台帳や入金履歴のわかる通帳・管理会社からの出納報告書など
- □ 家賃の督促や契約解除がすでになされている場合にはその通知書等

3．弁護士が揃えることになることが多い資料

　賃貸人本人が持ってきてくれればよいですが、お願いをしても「よくわからない」と言われることが多い資料もあります。不動産管理会社が入っていればある程度は用意してもらえることもありますが、弁護士自身が取寄せをした方が早いものもあります。

(1) 土地、建物の登記事項証明書

　権利証を持ってくることが多いので、それに基

第2章 受 任

づいて取寄せをします。

(2) 建物の図面

賃貸部分を特定するために必須です。建築図面（平面図）があればよいですが、図面がそもそもない場合もあります。その場合は不動産管理会社に依頼して、入居者募集用の各階平面図（間取り図）を取得することでも足ります。管理会社もおらず、図面がない場合は、依頼者に自力で描いてもらうことも必要になります。

あわせて住宅地図（ゼンリンのブルーマップ）も図書館などで謄写しておきます（執行の際に執行官に現場を説明するために使います）。

(3) 現場の状況写真

保全手続では必須になる資料です。任意交渉であっても、明渡事案を受任したからには必ず現場を見てくることは重要なので、その際に弁護士が自分で写真も撮ってくるようにします。郵便受け、玄関（表札）など建物の占有者状況（占有者）のわかるものを撮影します。駐車場も賃貸している場合にはその場所や駐車車両（登録番号）なども収めてきます。

(4) 自動車の車検証

建物明渡とともに駐車場の明渡も求めるときは、執行に備えて駐車されている車両（およびその所有者・使用者）を特定するために取り寄せます。陸運局によっては訴訟提起の目的でも交付してくれないことがあるので、その場合には弁護士法23条照会をします。

(5) 建物の固定資産評価証明書

訴額算定等に必要なので、訴訟手続（保全も含む）に入る時点では取得します。依頼者が納税通知書は持っていることがあるので、それを利用して評価証明書取得用の「委任状」を取得して取り寄せる方が確実です。

- □ 土地、建物の登記事項証明書
- □ 建物の図面
- □ 現場の状況写真
- □ 自動車の車検証
- □ 建物の固定資産評価証明書

3 見通しの説明

1．見通しの説明

民事事件の多くは100％勝利（敗北）と明確になっていない事案が大半です。「明渡は絶対に認められます」、「すぐに立ち退かせられます」などと断言するのは回避しなければ

いけません。特に安易な勝ちの見通しは、その結果が出なかったときに依頼者からの不信と反発を招きます。

慎重の余り「やってみないとわかりません」だけでは相談者が不安になるだけで、依頼をしてこなくなるかもしれません。ある程度の見通しを伝えることが、相談から適切な受任へとつなげる（相談だけにとどめて受任しないで終わらせる）ポイントになってきます。

2．明渡請求認容の要素

依頼者によっては滞納賃料や原状回復費用まで全額回収することを強く求めてくる人もいますが、賃料滞納を理由とする建物明渡の事案では、滞納賃料の回収まではかられる方が稀です。まずは明渡についてどうなのかを軸に説明をすることになります。

甲山さんの事案では、①家賃滞納が6か月分以上、②1年以上前から滞納が続く、③督促をしても連絡がつかず応答もない、という賃料支払債務に関わる事情があります。その他にも、④入居申込時に申請のない同居者がいる模様、⑤自宅用途に反して事業用途でも使用している疑い、などの事情があります。

これらの事情を踏まえると、裁判になった場合でも（債務不履行に基づく）賃貸借契約の解除、明渡も認められる可能性は高いという見通しを告げても問題はなさそうです。弁護士としての経験値がものいう場面でもありますが、一部参考を次ページに掲載します。

3．選択手段

どこへ出ても解除・明渡が認められるであろうという場合であっても、裁判手続を念頭に置くのがよいか、任意交渉での解決を目指すのがよいかの判断も必要になります。

費用・時間といったコストと確実さは必ずしも両立しません。賃借人がとると思われる対応（解除を争う、債務不履行を承知で居座りをはかる、などの態様）も踏まえた上で、任意交渉でも決着がつきやすい事案と思われるのか、最初から訴訟手続（や強制執行まで）考えておく方がよいのか、などについてもある程度の見込みを伝えておくようにします（⇒ **詳細：4．とるべき手続の説明**）。

第2章 受任

【債務不履行解除の判断要素と注意点など】

債務不履行事由	要素・具体例	検討事項・留意事項
金銭債務の不履行 （解除明渡を認める強い要素）	□ 賃料滞納の額 □ 滞納の反復性・継続性 □ 過去の滞納歴	・数か月の滞納の場合、弁護士の介入による催告や訴訟提起を契機に全額返済されて解除事由が消滅することもある ・訴訟提起の場合は（訴訟提起時に）4か月分以上の滞納がある方が無難（信頼関係破壊の法理との関係） ・反復継続は滞納額と同等に重要な要素になってくる場合が多い ・過去の滞納があっても一度完全に解消されているものについては判断要素から外れるケースもある ・契約書に「2か月滞納があったときは本契約を解除する」などの特約条項があっても、それがそのまま裁判において通用するとは考えない方が無難（＝いまだ信頼関係が破壊されず）
目的外使用や用法違反 （これ単体で解除明渡が認められるケースは多くないので、金銭債務不履行を補完するものと考えるのが無難）	□ 近隣外部へ与える影響 □ 建物に与える影響（耐久性、無断改装） □ 違反状態の継続や改善要求への不対応	・居住用を事業の用に供していても、主たる用途が住居であると解除にいたる目的外使用とまではされないケースが多い ・契約書に定められた目的・用法に形式的に違反しただけでなく、それによってどのような実被害などが発生する（危険がある）のかが問題にされることが多い ※建物が耐えられない、近隣に具体的な騒音被害が生じている等
形式的な手続違背	□ 通知・届出義務の未履行（同居者変更の未通知等）	⇒これを理由に解除明渡が認められるケースは少ない
その他	□ 無断転貸 □ 賃借人の経済状況の悪化 □ 賃借人の属性（反社勢力等）	⇒全く考慮されないような場合や、賃料滞納以上に重く扱われる場合などケースバイケースになる ※反社勢力が関わってくるケースは弁護士会の民暴委員会に相談する

4 とるべき手続の説明

1．手続の選択と提案

　勝敗の見通し（明渡を求めることができるだけの事情の有無・程度）や依頼者の希望によっても変わってきますので、経験値がないと説明をしにくいところかもしれません。
　メリット・デメリットを念頭においてどのような手続（順序）をとるのが得策（必要）と考えられるのかを説明をすることが必要になります（⇒時間と費用は5．参照）。

2．各手続のメリット・デメリット

　ケースバイケースではありますが、一般的には明渡を求める手続の主なメリット・デメリットは以下のようなものになります。任意交渉か訴訟かの選択が中心になりますが、多くの場合はまず任意交渉から入るのが相当だといえます。その場合にどこまで任意交渉を続けるのか、訴訟手続の場合にも保全処分が必要か強制執行まで必要となりそうなのかをある程度見極めることが大事になります。
　これらを踏まえて依頼者に今後の手続の提案をするようにしましょう。

種類	長所・短所や留意点	選択するケースは…
任意交渉	○賃借人との間に遺恨が残りにくい ○柔軟な対応が可能となる ○紛争の抜本的解決も図ることができる ○話し合いさえまとまれば短期間に費用もかからずに解決する可能性が高い ×交渉力によって得られる結論に幅が出かねない ×話し合いがまとまらなければ訴訟提起などをせざるを得ず解決までの時間が余計にかかる ×任意交渉がまとまっても明渡合意書などには強制力がないため合意を反故にされたときは改めて訴訟を提起せざるを得なくなる（二度手間）	条件さえ整えば賃借人との話し合いで自発的に退去することが期待できる場合
民事調停	×賃料滞納などの債務不履行解除のケースでは調停手続での解決が期待できるケースは多くない ※その他は任意交渉とほぼ同様	直接交渉に難があるが裁判所を介すれば決着を図られる可能性もある場合

（任意交渉欄の吹き出し）契約の解消だけでなく、以後の債務不履行の懸念を解消させて契約を存続させるという選択肢も取れる

（選択するケース欄の吹き出し）滞納賃料さえ免除すれば自発的に退去する可能性が濃厚な場合や、移転先さえ確保できれば退去すると意思表明している場合などには有効な手段

即決和解	○比較的迅速に債務名義を取得できる ○明渡についても債務名義を取得できる ×当事者の裁判所への出廷の確保が保証できない ×和解内容の合意ができていなければ意味がない	任意交渉がまとまったが明渡の実施に懸念が残るような場合に活用する
訴訟	○判決による強制力をもった解決が可能 ○裁判官によっては賃借人に強力に明渡の和解を勧告することも期待できる ×長期化する場合もある ×和解の場合には滞納賃料の減免と明渡とをバーターにされることが多い ×賃料滞納の程度やその他の事情によっては明渡そのものが認められず（信頼関係破壊の法理）、結果的に賃借人の入居継続にお墨付きが与えられてしまう場合もある	・事実関係に争いがある ・当事者の（感情）対立が激しく話し合いでの解決が見込めない ・賃借人の人的要因によって話し合いによる解決がそもそもふさわしくない場合 には早期に訴訟手続への切替えをはかるようにする
訴訟前の保全処分	○占有移転禁止により、以後の第三者の介入（占有屋等）を確実に排除できる ○明渡訴訟を提起するべき対象の特定が確実になる ×保全執行にも費用（執行官手数料、執行補助者の日当など）を要する ×保証金をつむ必要がある（決着が付くまで資金を寝かしておくことになる） ×結果的に保全処分をとる必要がなかった（無駄な費用がかかった）というケースも少なくない	・誰が建物を利用しているのか定かでない場合 ・賃借人が第三者に建物を占拠させてしまう懸念がある場合 には必須と考えるのが無難
訴訟後の強制執行	○有無をいわさず強制的に退去を実行できる ○最終的には断行（明渡強制執行の実施）前までに自発的に退去していくことが多い ○裁判所の手続によることから明渡やその後のトラブルは少なくなる（室内の残置物処分へのクレームの回避など） ×明渡の断行までいくと執行に要する費用がかなり高額になる ×執行補助者（強制執行補助業者）の手を借りないと実行しにくい実務慣行がある	判決（和解）にもかかわらず自発的に退去しない場合にはやむを得ず実施する

5 時間と費用の説明

1．紛争解決までのおおまかなタイムスケジュール

　事案によっては明渡の実現までに依頼者が思っているよりも遙かに長い期間が必要になるケースもあります。保全の必要性、強制執行までいきつく可能性、などを念頭に置きながら、どの程度の時間がかかるのかを依頼者に説明をするようにします。

　説明の際にも、個別の事情や不測の事態がありますので、「一般的にはこのような流れで、この程度の時間がかかる」という説明をするようにします。

(1) 催告から解除・明渡請求まで

　内容証明郵便を用いての滞納賃料の支払催告（及び契約解除催告の予告）を行い、賃借人への通知到達から２週間程度（事案によってケースバイケース）を設けた催告期間の経過をもって契約解除になります（⇒詳細は７．催告を参照）。

　賃貸借契約の解除の効力が生じたら、速やかに明渡を求める通知書面を発するなりして、具体的な明渡手続（交渉）に進むようにします。

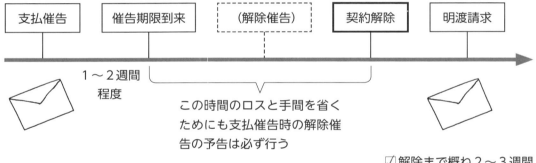

(2) 明渡請求から任意交渉

　賃借人との話し合いでの解決の見込みがあれば、結果的に任意交渉による解決が早い場合もありますが、ケースバイケースで容易に見通しがたちません。受任の際には依頼者と協議で、「３か月は任意交渉でやって、見込みがなければ訴訟に切り替える」などのデッドラインを決めておくのも一つの方法です。

　任意の交渉がまとまり、「立退合意書」などの調印ができても、賃借人が最後の最後で反旗を翻して居座るようなことになると、強制退去のためには訴訟提起が必要になります。事案によっては、明渡の債務名義を取るために即決和解（起訴前の和解）を行うことも検討することになります。ただし、即決和解の申立から成立までにかなりの時間（ときには数か月）がかかります。簡易裁判所で行えますが、申し立てる前に「一番早く入る期日はいつか」を書記官に電話で確認し、予め期日を（事実上）押さえてもらって申し立てるなどの工夫が必要になります。

第2章 受任

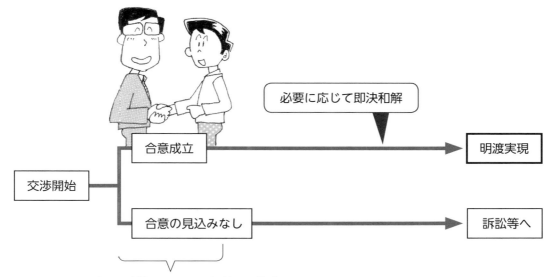

(3) 訴訟提起から和解、判決まで

　単純な賃料滞納事案の場合、証人尋問も行わずに1～2回の弁論期日で結審・判決となることも珍しくありません。また、裁判所に舞台が移ったために、賃借人が「退去はするが猶予期間をほしい（滞納賃料も減額や分割払いを認めてほしい）」などと和解の打診をしてくることもあります。

　賃貸人に債務不履行（例えば修繕義務に違反して雨漏りを放置した）があるなどと争われるようなケースや、「大家から、過去の滞納賃料はできたとき払いでいいと猶予してもらった」など支払猶予の抗弁がでてくる場合を除けば、判決までの期間はあまりかからないことが多いです。ただし、判決の場合はその後の強制執行も覚悟しなければならないため、和解の中で賃借人に自発的に退去を決意させる方が結果的にコスト減になることもあります。そのために退去猶予期間が多少かかることもありますので、ケースバイケースで依頼者と協議して決めることになります。

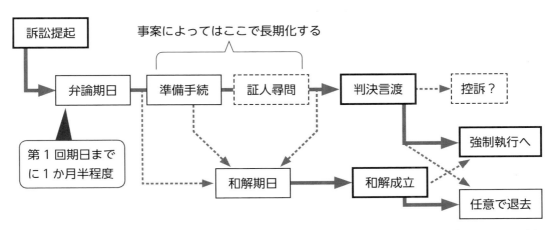

☑ 早ければ訴訟提起から3～4か月で和解・判決（長期化すれば1年越し以上）

2．保全、執行に要する時間

　事案によっては占有者の確定をするために占有移転禁止の仮処分を行う必要が出てきます。今回の相談例でも、乙川さんは単身入居のはずが女性や子どもが出入りしているとか、事業用でも使用している様子がうかがえます。独立占有を主張されると、せっかく判決をとっても明渡執行ができなくなりますので保全処分が必要になります。

　判決が得られても自発的に出て行かないことは珍しくありません（和解の場合にはその可能性は低いですが０ではありません）。その場合には明渡強制執行をしなければならなくなります。

　これらも織り込んで依頼者に必要となる期間の見込みを説明するようにします。

(1)保全処分（占有移転禁止の仮処分）

　保全手続ですので迅速に進みます。その反面、申立時には担保保証金を依頼者に用意しておいてもらうなど、必要な事項は予め準備して臨むことが重要になります。

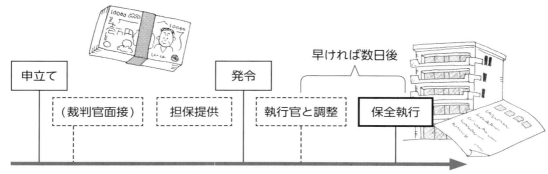

- 裁判官面接がある場合が原則申立日当日（か翌日）
- 担保提供期間は原則1週間以内

☑申立てから1〜2週間程度で保全執行完了

(2)明渡執行

　執行官が催告をしてから実際に明渡の執行までに約30日の猶予期間が設けられます。この期間内に、賃借人と積極的に連絡を取り、自発的な退去の実現に努力することも重要になってきます。

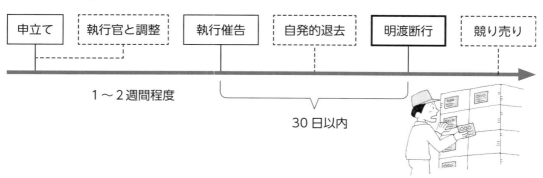

☑申立から明渡完了までは概ね1か月半程度

3．一連の手続に要する費用

　裁判所への予納金や印紙代などの実費費用は、「概算で合計30万円」などの説明だけでなく、「計算書」などを作成して委任契約書に添付して説明する必要があります。

　事案や物件によって変わるものがありますが、おおよその費用は以下を一つの目安にすることができます。あくまで目安ですので、過分は後日精算して依頼者に返還することを前提として各種費用を調達しておいてもらう方がよいでしょう。

⑴ 保全執行に要する費用

　保全執行を行う場合、保全の申立費用や郵券の他に、執行官費用、担保金そして執行業者の費用などがかかってきます。

　⇒ 第3章6「申立と面接～保証金」の項を参照

⑵ 訴訟に要する費用

　訴訟提起に際しては、貼用印紙代や郵券が必要になってきます。

　印紙代の算定は建物の固定資産評価額に応じて定まり、明渡だけでなく滞納賃料の請求もあわせて行う場合にはその分の訴額も加算されます。また郵券は裁判所により提出を求められる金額や額面・枚数が異なり、被告が増えるごとに追加もあります。

　⇒ 第5章4「提訴」の項を参照

⑶ 強制執行に要する費用

　強制執行を行う場合、執行予納金（執行官手数料、立会費用、交通費、書記料、郵便代の予納金額）をまず収めます。対象物件や債務者が増える場合には、いずれも1物件または1人ごとに金額が加算されてきます。この他に、現実に明渡作業を担う執行業者の費用も必要になってきます。

　執行業者の費用としては、明渡催告の際の立会費用や、解錠費用、断行の際の搬出・運搬費、倉庫費用等になります。

　⇒ 第6章6「断行」の項を参照

　さらに強制執行の際には、建物内から搬出して保管している動産類などを最終的に競り落とすことも必要になってきます（動産類を買い取って、自分の所有物にしてからでないと廃棄もできないので）。そのための競り落とし費用も必要になってきます。

　⇒ 第6章8「競り売り」の項を参照

6　受任手続

1．委任契約

　単発の事務処理案件ではありませんから、依頼者との間できちんと委任契約書を作成し、締結します。委任契約書の統一ひな形はありませんが、法律書出版社の書式集をはじめ、

入手しやすい契約書例がありますので、それを活用することで最低限の契約事項は盛り込めるはずです。

　委任契約書は、その内容（特に受任範囲と報酬）をよく依頼者に説明をし、理解してもらった上で、可能ならその場で署名押印（認め印で十分です）をしてもらうことを習慣づけましょう。「とりあえず委任状だけ受けとっておいて」事実上弁護士活動が先行してしまうのは問題です。最近は、受任に際して委任契約書を作成していなかった（作成はしたが締結調印がされていないままだった）がゆえに、弁護士報酬の説明が十分になされていないなどとして懲戒処分が出る事案が増えています。懲戒までいかなくても、委任契約書がないことを奇貨として、敗訴の責任を弁護士に転嫁するべく紛議調停★などを申し出てくる依頼者も中にはいますので注意が必要になります。

【委任契約書に盛り込んでおくべき事項】

①受任事項（事件名・当事者、委任の範囲の特定）
②弁護士費用（着手金、報酬金、日当、タイムチャージ等）
　　※弁護士報酬規程の抜粋を添付しておくのが望ましい
③実費費用（印紙代、郵券、担保金、執行官費用、執行業者費用等）
　　※計算書を添付して内訳がわかるようにするのが望ましい）
④弁護士の辞任事由
⑤依頼者からの解除事由　　　　　　　　　　　　…など

★紛議調停
辞任・解任や報酬をはじめとする依頼者と弁護士のトラブルについて、弁護士会が設けている紛議調停委員会によって紛争を解決する手続。依頼者に限らず相手方であろうとも誰でも申立ができます。紛議調停から懲戒申立に発展する場合もあるので、万一紛議申立がなされたようなときは、速やかに適切な対応とる（よくわからないなら先輩格の弁護士にすぐに相談に行く）ことが極めて大事です。

【実費費用の計算書の記載例～実費等計算書】

実費等計算書

【案件の表示】
1. 案件などの表示　　　　建物明渡等請求訴訟
2. 相手方　　　　　　　　乙川 太郎、乙川 修
3. 管轄裁判所の表示　　　東京地方裁判所

貴殿より依頼がありました上記案件について、訴訟・調停などにかかる実費および弁護士活動の遂行のために必要となる実費は以下のとおりとなります。

1. 訴訟・調停その他の申立にかかる実費
   - ☑ 貼用印紙代　　　　　　　　　約 29,000 円（概算）
   - ☑ 予納郵券等　　　　　　　　　約 10,000 円（概算）
2. 訴訟・調停その他の申立に伴う記録・文書などの取り寄せ等にかかる実費
   - ☐ 戸籍謄本・住民票等　　　　　約　　　　円（概算）
   - ☐ 商業登記簿・資格証明等　　　約　　　　円（概算）
   - ☑ 登記事項証明書・評価証明書等 約 1,000 円（概算）
   - ☐ 各種資格などの証明書　　　　約　　　　円（概算）
3. 訴訟・調停その他の申立に伴い裁判所に別途予納・積み立てを要する実費
   - ☐ 仮処分等の保証金　　　　　　約　　　　円（概算）
     ※この保証金は、仮処分等の手続きが完了した時点で返還を受けるものです
   - ☐ その他（　　　　　　　）　　約　　　　円（概算）
4. 訴訟・調停その他の申立に伴い行われる手続きに必要となる実費
   - ☐ 各種登記手続　　　　　　　　約　　　　円（概算）
     ※司法書士に委任する場合には別途司法書士報酬が必要となります
   - ☐ 事前調査費用　　　　　　　　約　　　　円（概算）
     ※この調査費用は乙以外の第三者への委託によるものです
   - ☐ その他（　　　　　　　）　　約　　　　円（概算）
5. 弁護士による調査その他弁護士活動の遂行のために必要となる実費
   - ☑ 着手金・報酬金に含まれるものとする
     ※受任時点で予定されていない実費の支出が必要になったときには、そのつどご連絡の上、実費の負担についてお願いをいたします
   - ☐ 概算として右金額とする　　　約　　　　円（概算）

以上のとおり、本件の訴訟・調停などにかかる実費および弁護士活動の遂行にあたって必要となる実費については、その概算は以下のとおりとなります。

概算合計　☑ 約 40,000 円（概算）
　　　　　※上記に記載のない実費の発生、または不足が生じたときには、改めて計算額を提示し、委任者はその実費費用を負担するものとします

2．委任状

　受任に際しては、必要となる委任状を依頼者から提出してもらいます。

　建物明渡の場合には、以下の委任状が必要となってきます。いきなり訴訟提起にいくのか、任意交渉から始めるのかによっても提出してもらう委任状が変わりますが、予め想定されている手続（委任契約での受任事項）については、最初の段階で委任状を提出してもらう方が無難です。特に、保全手続（占有移転禁止の仮処分）を想定しているようなケースでは、迅速さも必要になってきますので、先回りして提出をしてもらうように心がけるのがよいでしょう。

【委任状の種類】

①任意交渉用	通常の委任状
②訴訟委任状	訴訟提起（建物明渡請求訴訟）のための委任状と、保全手続（占有移転禁止仮処分申立事件）のための委任状は別々に用意します。 ※任意交渉先行の場合に予め訴訟委任状まで交付を受けるときは、委任状の日付は空欄にしてもらい、後日（裁判所提出時）補充することの了解をもらっておくようにします。 ※裁判所の受付で訂正を求められても大丈夫なように予め修正印（捨印）ももらっておく方がよいでしょう。
③資料請求	建物の固定資産評価証明書を取得するための委任状も別途用意します。 ※依頼者本人に用意してもらえるときは不要です。 ※訴訟提起などの場合には「裁判所提出用」という記載のある評価証明書を弁護士が取り寄せることもできますが、具体的な事件の内容（請求内容、相手方、紛争状況）などを明らかにしないと交付してもらえない役所が増えており、交付に手間取ることがあります。本人からの委任状があればスムースに交付を受けられるようになります。
④執行委任状	債務名義取得後の手続なので、当初の受任時点でここまでもらう必要はありませんが強制執行段階では必要になります。

3．弁護士報酬

　委任契約の際には、弁護士報酬（着手金、報酬金、日当等）の説明をした上で受任します。報酬基準は各法律事務所（弁護士）が自由に定めるとされていますので、他の事務所（弁護士）より割高であっても公序良俗に反しない範囲であれば問題はありません。ただし、弁護士報酬の説明がなかった（不足していた）として懲戒される事例が増えているので、弁護士報酬についても計算書などを用意し、見積額を適切に提示することが大事になります。

【委任状の記載例①】

委 任 状

私（当社）は、下記の弁護士を代理人と定め、下記の事項を委任する。
（受任者）
〒107-0052　東京都港区赤坂見附1丁目2番3号弁護士ビル4階
電話 03-3555-xxxxx　FAX　03-3556-xxxx
芳友法律事務所
弁護士　中西靖雄

委任事項

1、　私が所有し賃貸人となっている、下記物件目録記載の「かすみマンション」について、401号室の賃借人乙川太郎（東京都千代田区霞が関1丁目1番3号401号室）に対する建物明渡請求
2、　前項の賃貸物件について賃借人及び連帯保証人乙川修（埼玉県和光市和泉町2丁目3番8号）に対する未払賃料等の支払請求に関する一切の件
3、　復代理人選任の件
（物件の表示）
所 在 地　東京都千代田区霞が関1丁目1番3号
家屋番号　1番3号
種　　類　共同住宅
構　　造　鉄筋コンクリート造陸屋根5階建
賃貸部分　4階401号室（契約面積 48.50m²）

上記代理委任状に捺印します。

平成28年6月12日

住所　東京都新宿区中新宿2丁目4番8号

氏名　　　　甲山　巧美

【委任状の記載例②～訴訟委任状】

訴 訟 委 任 状

平成28年　月　日

〒
東京都新宿区中新宿2丁目4番8号
委任者氏名　　　　　　　　甲山　巧美 ㊞

　当社（私）は、次の弁護士を訴訟代理人と定め、下記の案件に関する各事項を委任します。

（受任者）
東京弁護士会所属
〒107-0052
東京都港区赤坂見附1丁目2番3号弁護士ビル4階
　　　電話 03-3555-xxxxx　FAX 03-3556-xxxx
　　　芳友法律事務所
　　　　　弁護士　中西靖雄

委任事項

第1　案件の表示
　　（当事者）　　　原告：私　　　被告：乙川 太郎、乙川 修
㊞　（裁判所）　　　東京地方裁判所
　　（事　件）　　　建物明渡等請求訴訟事件

第2　委任事項
1．上記案件に関する一切の訴訟・調停・審判行為
2．和解、調停、請求の放棄、認諾、復代理人の選任。
3．民事訴訟法第48条（第50条3項、第51条において準用する場合を含む）の規定による脱退。
4．反訴、控訴（附帯控訴）、上告、上告受理申立、又はこれらの取下及び訴の取下。
5．民事訴訟法第360条（第367条2項、第378条2項において準用する場合を含む）の規定による異議の取下又は取下の同意。
6．弁済の受領に関する一切の件。
7．代理供託並びに供託物・同利息の払渡請求及び受領に関する一切の件。
上記代理委任状に捺印します。

7 催告

1．支払催告

　無事に受任手続が終わったら、いよいよ表に出ての活動に入ります。任意交渉にせよ訴訟にせよ、明渡を求める前提として賃貸借契約の解除をしなければなりません。その解除の前段となる支払の催告書面は、内容証明郵便（配達証明を別途付ける）で賃借人に発送します。

　内容証明郵便は、1ページにつき20字（句読点や括弧などを含む）×26行の様式（用紙のサイズは任意）で作成し、3通を用意して封緘せずに郵便局の窓口に持って行きます。中央郵便局などでないと取り扱っていませんので、東京なら東京地裁の地下の郵便局を利用するなどします。今は電子内容証明郵便が利用できますので、A4紙に収まれば書式も自由ですし、24時間、事務所にいながら発送できます（「電子内容証明郵便サービス」で検索すれば日本郵便のサイトから必要なソフトウェアがダウンロードできます）。

　催告書の末尾に「支払がないときはしかるべき法的措置を講じる」という文言を入れることがよく行われていました。最近は、自分の債務不履行は棚上げして、この文言をとらえて「弁護士による脅迫的言動がなされた」などといってくる賃借人（債務者）が出てきています。強行的な文言を用いたケースではありますが、通知書の記載が弁護士の品位を害するとして実際に懲戒処分まで受けた事案もあります。法的措置を講ずるなどと言及しなくても催告通知の効力にはなにも変わりがありませんので、あえて入れなくてもよいといえます。少なくとも、表現方法については注意を払う方が無難です。

2．解除催告

　賃貸借契約書に「無催告解除」の特約が定められている場合があります。甲山さんと乙川さんの賃貸借契約書にも2か月分の家賃滞納で無催告解除ができる特約があります。しかし、裁判では無催告解除特約の効力が否定される場合もありますので、解除催告は行うようにします。

　一度弁護士名で通知を出すと、2通目からは賃借人が受取りを拒否することがあります。通知を出したのに保管期間満了で2週間も経ってから戻ってくるのでは無駄な時間を浪費します。普通郵便で発送する（訴訟提起の際には訴状でも解除の意思表示をする）こともできますが、解除をより確実にするためにも、支払催告通知の際にあわせて解除催告もしておくべきです。

【支払及び解除の催告書の記載例～催告書】

催告書

冠省

　当職は、賃貸人甲山巧美（以下「賃貸人」という）の代理人弁護士として貴殿らに対して、次のとおり催告いたします。

1．賃貸人は乙川太郎殿（以下「賃借人」という）との間で、平成23年3月15日付で下記物件目録記載の建物（以下「本件建物」という）の賃貸借契約（以下「本件賃貸借契約」という）を下記の契約条件で締結し、同日引渡しをしております。

　また、乙川修殿（以下「連帯保証人」という）は本件賃貸借契約につき連帯保証人となっております。

（物件目録）
所在地　東京都千代田区霞が関1丁目
　　　　1番3号
家屋番号　1番3号
種類　共同住宅
構造　鉄筋コンクリート造陸屋根5階建
マンション名　かすみマンション
賃貸部分　401号室及び駐車場No.3区画
　　　　　（普通乗用自動車1台）

（賃貸借契約条件）
・利用目的は住居に限定
・期間2年間（更新特約あり）
・賃料月額10万円（ただし駐車場利用分を含む）
・共益費月額1万円
・賃料等を2か月分以上滞納したときは催告なく解除できる
・契約解除後明渡完了までは賃料の2倍相当額の損害金を支払う

2．賃借人は、平成27年12月分から平成28年6月分（5月末支払分）までの賃料等合計77万円の支払を滞納しております。そこで、賃借人及び連帯保証人に対して、本書面が到達した日から1週間以内に滞納額全額を、下記口座まで振込み支払うよう催告いたします。

　上記期限において77万円全額の支払がなされていない場合には、賃貸人と賃借人との間の本件賃貸借契約は改めての催告を要することなく解除されることをあわせて催告いたします。その場合、直ちに本件建物から退去し、駐車場から自動車も撤去して明渡をしてください。

　なお、解除後は明渡完了までの間、賃料等の倍額である月額22万円の割合による損害金が発生いたしますこともご承知おきください。

＜振込先口座＞
ひまわり銀行　霞ヶ関支店　普通預金口座番号：1234567
名義人：預かり口中西靖雄
　　　　（あずかりぐちなかにしやすお）

3．今後は、貴殿らからのご連絡その他につきましては当職ら宛に文書にてなされますようあわせて通知いたします。
以上

平成28年6月15日

通知人
東京都港区赤坂見附1丁目2番3号
　　弁護士ビル4階
　　電話　03-3555-ＸＸＸＸ
　　FAX　03-3556-ＸＸＸＸ
　　甲山巧美代理人
　　弁護士　中　西　靖　雄　

被通知人
東京都千代田区霞が関1丁目1番3号
　　かすみマンション401号室
　　　　乙　川　太　郎　殿
埼玉県和光市和泉町2丁目3番8号
　　　　乙　川　修　殿

第3章
保全処分

1 法律相談の際に確認しておくべきこと

1．相談者の話

甲山 「先生、内容証明郵便を送っていただいた後、何か反応はありましたか？」
中西 「いいえ、まったく反応がありません。仕方がないので、入居申込書に記載されていた携帯電話に連絡してみたのですが、『お客様のご都合により、現在使用できません。』という自動音声が流れて、電話が繋がりませんでした。」
甲山 「そうすると、裁判を起こすしかないのでしょうか？」
中西 「ええ、やむを得ませんね。……ところで、建物の状況を確認したいのですが。最近、何か変わった様子はありましたか？」

甲山 「先日、管理会社の人に聞いてみたところ、同じフロアの住民の方が、『401号室には、親子らしい女性と子どもが出入りしているのはよく見かけるけれど、乙川さんはあまり見かけない。』などと話していたそうです。」
中西 「他に何か気付いた点はありますか？」
甲山 「はい…。その管理会社の方が言うには、1階の集合ポストを見にいったところ、401号室のポストには、「乙川」という名札の下に「乙川なんとかサービス」という会社名が書かれた紙が、セロハンテープで貼り付けてあったそうです。」
中西 「なるほど、そうですか…。」

　契約解除の通知をしたにもかかわらず、賃借人が任意に建物を退去しない場合には、強制執行を視野に入れ、建物明渡の債務名義を得る必要があります。具体的には、建物明渡請求訴訟を提起することになります。賃料滞納が一定期間（4か月前後）に及んでいる場合には、特段の事情がない限り「信頼関係の破壊」が認定され、1、2回の弁論を経て請求認容の判決が言い渡されることが通常です。

　賃借人に対し建物の明渡を命ずる判決が確定した場合、その効力は、訴状に被告として記載された者、または口頭弁論終結後に被告から建物の占有を承継した者に対してしか及びません（民訴115条1項1号・3号）。判決が言い渡された後で、実は建物を占有し

ていたのが被告ではなかったことが判明した場合、その占有者が口頭弁論終結後の承継者でない限り、改めて当該占有者に対して訴訟を提起し直さなければなりません。しかも、多くの場合は、その占有者が被告からの承継により占有を取得したのかどうか、あるいは口頭弁論終結後の承継者かどうかを明らかにすること自体が困難です。

そこで、建物明渡訴訟を提起する場合には、事前に占有移転禁止の仮処分命令を得て、誰がその建物の占有者なのか確定させること（これを当事者恒定効といいます）を検討する必要があります。

2．占有移転禁止仮処分の効力が及ぶ範囲

占有移転禁止仮処分の効力が及ぶ対象者について、民事保全法62条は次のとおり定めています。

① 仮処分執行後に債務者の占有と関係なく占有を取得した者のうち、仮処分執行がされたことについて悪意の者（民保62条1項1号）。
② 仮処分執行後に債務者の占有を承継した者（仮処分の執行がされたことについての善意悪意を問わない）（同項2号）。
③ 仮処分執行後に目的物を占有した者は、執行がされたことを知って目的物を占有したものと推定される（民保62条2項）。

このような効力が認められる結果、建物明渡の勝訴判決を得た原告（債権者）は、予め占有移転禁止仮処分を執行しておけば、仮処分の執行後に占有の変更があった場合であっても、占有者が被告（債務者）からの承継により占有を取得したのか否か、仮処分執行がなされたことについて善意か悪意かを考慮せずに、その占有者が仮処分執行後に占有を取得したことを証明するだけで、判決に基づき建物明渡の強制執行を行うことができます。そして、仮処分の執行調書（仮処分執行後、執行官から交付されます）には仮処分執行の時点で誰が建物を占有していたかが記載されていますので、強制執行の時点で別の占有者が現われれば（このような場合、強制執行の際に執行官が執行不能調書を作成します）、その占有者が仮処分執行後に占有を取得したことを容易に証明することができます。

したがって、原告（債権者）は、改めて訴訟を提起し直さなくても、その占有者が仮処分執行後に占有を取得したことを証明し、訴訟で得た判決に承継執行文（民執27条2項）の付与を受けることによって、建物明渡の強制執行を行うことが可能になります。

3．どんなときに占有移転禁止仮処分を検討するべきなのか

前記のとおり、建物（土地）明渡訴訟で勝訴判決を得ても、被告以外の者に占有が移転してしまうと、強制執行を行うことが難しくなります。したがって、建物（土地）明渡訴訟の提起を検討する場合には、可能な限り占有移転禁止仮処分を申し立てることを検討するべきでしょう。

もっとも、仮処分の申立てや執行を行うには、依頼者に弁護士費用、担保保証金、執行費用等の負担を求めることになるため、現実的には、特に仮処分が有効な事案に限って仮処分を申し立てる場合が多いと思われます。

占有移転禁止仮処分が特に有効な場合としては、次のようなケースが考えられます。

① 建物に表札などが出ておらず、被告が本当に居住しているのか確認できない場合
② 飲食店など、実際の経営者（占有者）を特定することが難しい場合
③ 建物に、被告以外の第三者が出入りしている場合
④ 郵便受けに複数の会社名が表示されている場合
⑤ 事務所、店舗などの営業用物件（「居抜き」で容易に占有が移転されやすい）

　占有移転禁止仮処分が有効な事案には、大別して、ア）誰が占有者なのか確定することが困難な事案と、イ）占有が移転される可能性がある事案が考えられます。
　誰が占有者なのか確定することが困難な事案では、占有移転禁止仮処分を執行することによって、執行官に占有者を認定してもらうことができます。仮処分申立書記載の債務者が占有者として認定されれば（仮処分調書の「占有関係等調査表」に占有者が記載されます）、その者を被告として訴訟を提起すればよいです。もし、債務者以外の第三者が占有者として認定された場合には（この場合仮処分は執行不能となり、執行不能調書が作成されます）、当該第三者を債務者として改めて仮処分を申し立てるか、当該第三者を被告として訴訟提起すればよいことになります。
　また、店舗などの占有が容易に移転されやすい物件の明渡請求訴訟を提起する場合には、占有移転禁止仮処分の執行によって占有者を確定（当事者恒定）しておけば、その者を被告とする判決を得ることで、確実に強制執行を行うことができます。
　建物（土地）明渡請求訴訟の依頼を受けた弁護士は、事案に応じて、依頼者に占有移転禁止仮処分の申立てを積極的に勧める必要があります。もし、依頼者が費用その他の観点から仮処分の申立てに消極的な場合であっても、後日のトラブルを避けるため、仮処分の必要性と仮処分を執行しなかった場合のリスクについて十分に説明しておくことが望ましいといえます。

2　仮処分申立ての準備をする

1．占有移転禁止仮処分の手続の流れ

占有移転禁止仮処分の申立てから執行までの流れは、下図のとおりです。

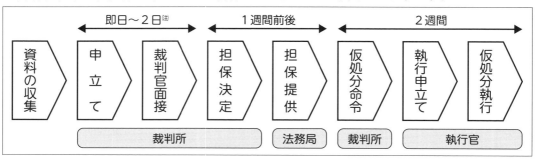

(注)東京地方裁判所民事第9部の場合

第3章　保全処分

　占有移転禁止仮処分の依頼を受けた弁護士は、①占有状態を調査・確認して、誰を債務者として仮処分を申し立てるか検討します。あわせて、②管轄を検討し、どの裁判所に仮処分を申し立てるのかを決めます。なお、保全処分に関する運用は裁判所ごとに若干異なりますので、③当該裁判所の運用を確認する必要があります。その上で、④依頼者に費用の準備や資料の収集を指示して、申立書の作成に取りかかることになります。

　以下、仮処分の申立書を作成する前の準備段階で必要となる作業についてみていきます。

　なお、東京地方裁判所民事第9部における保全事件の取扱や運用については、裁判所のホームページ（http://www.courts.go.jp/tokyo/saiban/minzi_section09/）に詳細な説明がありますので参考にしてください。

2．占有状態を確認する

　占有移転禁止仮処分の執行の対象となるのは直接占有のみであり、債務者は、当該物件を現実に占有する直接占有者に限られます。

　そこで、賃貸借契約書などを手掛かりに直接占有者が誰であるかを確認する必要があります。事案によっては、弁護士自ら、または依頼者や管理会社に依頼して、現地調査を実施することもあります。

　もし、契約書上の賃借人が物件を転貸借していたり、賃借人が海外出張中のために物件の管理や使用を代理人に委ねていたりする場合（代理占有）には、契約書上の賃借人ではなく、転借人や占有代理人を債務者として申立を行う必要があります。会社が契約して従業員の社宅として利用している物件なども、個人宅として使用されている以上、住人である従業員個人が直接占有者だと解される場合が多いでしょう。

　一方、法人の事務所兼個人の住居として使用されている物件の場合には、法人と個人が共同して占有していると解されることもあります。

　以上に対し、個人住宅の場合の賃借人の家族や、店舗の場合の賃借人の従業員などは、独立の占有者としての地位を有さない占有補助者だと解されます。したがって、これらの場合には、契約書上の賃借人を債務者として仮処分を申し立てることになります。

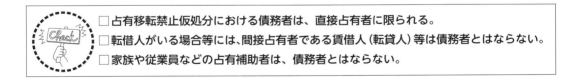

- □ 占有移転禁止仮処分における債務者は、直接占有者に限られる。
- □ 転借人がいる場合等には、間接占有者である賃借人（転貸人）等は債務者とはならない。
- □ 家族や従業員などの占有補助者は、債務者とはならない。

3．管轄裁判所を検討する

　次に、管轄裁判所を確認して、どの裁判所に申立てを行うかを検討します。

　保全処分に関する裁判所の管轄は専属管轄です（民保6条）。専属管轄とは、民事訴訟法上の管轄に関する規定（民訴4条1項、5条、6条2項、6条の2、7条、11条、12条）が適用されないことを意味します（民訴13条1項）。

　もっとも、民事保全法12条1項は、保全処分の管轄について「保全命令事件は、本案の管轄裁判所又は仮に差し押さえるべき物若しくは係争物の所在地を管轄する地方裁判所が管轄する。」と規定しているため注意が必要です。同条項の「本案の管轄裁判所」とは、

以下のように理解します。

>
> ①**本案の係属前**……債務者の普通裁判籍（民訴4条）または特別裁判籍（同5条）
> ※併合管轄（民訴7条）、合意管轄（同11条）、応訴管轄（同12条）は認められない。
> ②**本案の係属後（確定後を含む）**……実際に本案が継続している（係属していた）裁判所であればどこでも申立てが可能
> ※併合管轄、合意管轄、応訴管轄によって管轄が生じた裁判所でもよい。

　占有移転禁止仮処分の場合、一般的には債務者の住所地＝物件の所在地であることが多いため、物件所在地を管轄する裁判所に申立てを行うケースが多いと思われますが、管轄裁判所を検討する際には、以上の条文の理解に注意してください。

4．裁判所の運用を確認する

　占有移転禁止仮処分を申し立てる場合には、依頼者に対し、予め手続に要する手間と時間についてできるだけ正確に説明し、理解を得ることが重要です。
　34頁の表は東京地方裁判所における一般的な手続の流れを説明したものですが、裁判所によっては、申立後に裁判官面接を実施しない裁判所もあります。裁判官面接を実施する場合でも、申立てから面接までの期間は裁判所によってまちまちです。したがって、どの裁判所に仮処分を申し立てるかが決まったら、申立てを行う前に、各裁判所のホームページを閲覧したり、裁判所の民事保全の担当部署に直接電話で問い合わせたりして、手続の運用と必要な期間等について確認するようにしてください。

5．仮処分手続に必要な費用を確認する

　弁護士は、依頼者から占有移転禁止仮処分の申立てを依頼されたときには、依頼者に対し、手続に必要となる費用の目安を説明する必要があります。費用に関する説明が不十分だと、後になって依頼者から「そんな費用が発生するとは聞いていなかった。」などとクレームを申し立てられてトラブルになる可能性があるので注意が必要です。
　占有移転禁止の申立準備から仮処分の執行を行うまでに必要となる費用は以下のとおりです。

第3章　保全処分

【占有移転禁止仮処分に必要となる費用】

摘要		金額	納付先
申立手数料（貼用印紙）		2,000円[*1]	裁判所
予納郵券		1,082円[*1]	裁判所
実費	資格証明書[*2]	600円（1通）	法務局（登記所）
	固定資産評価証明書	400円（1通）	市町村役場（東京23区は都税事務所）
	住民票[*3]	200〜500円程度	市区町村役場
担保保証金[*4]		賃料の1〜3か月分（住居用物件の場合）	法務局（供託所）
執行補助者／解錠技術者日当		20,000〜30,000円程度（1人[*5]）	業者に直接支払
保全執行予納金		30,000円[*6]	裁判所
弁護士費用		適宜の金額	

* 1　いずれも債権者・債務者各1名の場合の金額です。
* 2　当事者が法人の場合や、当事者に法定代理人がいる場合に必要になります。
* 3　債務者が個人の場合、住民登録を確認するため住民票を取得する場合があります。
* 4　担保保証金は、通常の場合は事件終了後に全額取戻し請求することができます。
* 5　居室のみの場合、それぞれにつき。
* 6　案件や裁判所によって金額が異なります。

　弁護士費用については、訴訟と同様に経済的利益（土地または建物の固定資産評価額）に応じてその一定割合を着手金・報酬金として定める方法や、申立手数料として一定額を請求する方法などが考えられます。また、物件が遠隔地にある場合には、出張日当の扱いについても決めておく必要があります。先輩弁護士の例などを参考に、各自工夫してください。

3　必要な資料を集める

1．申立てに必要となる資料

　占有移転禁止仮処分の申立てに必要となる書類と、書類を準備する際に注意すべき点は以下のとおりです。依頼者から相談を受けた段階で入手済みのものが少なくないと思われますが、仮処分を申し立てる段階ではじめて必要になる書類もあります。

□委任状	申立ての取下げや、和解などの特別授権事項を忘れずに記載する。
□供託委任状	法務局（供託所）提出用。認印でも可だが、供託時に実印・印鑑証明書の確認を受けておくと、取戻請求の際に便利。
□資格証明書	当事者が法人の場合や、当事者に法定代理人がある場合に必要となる。
□不動産登記事項証明書	建物・土地（駐車場）いずれについても取得する。
□固定資産評価証明書	同上
□疎明資料	具体例は以下のとおり
	□ 賃貸借契約書
	□ 入金履歴など
	□ 解除通知（催告書）・配達証明書
	□ 建物の図面（建築図面、各階平面図など）
	□ ブルーマップ
	□ 賃借人の住民票
	□ 自動車検査証（車検証）
	□ 報告書

　占有移転禁止仮処分その他の保全処分を申し立てる際には、「保全すべき権利又は権利関係及び保全の必要性は、疎明しなければならない。」とされています（民保13条2項）。「疎明」とは、証明よりも程度が低く、裁判官が一応確からしいとの心証に達する程度の証拠提出活動を意味しますが、実務上は、訴訟を申し立てる場合（この場合には「証明」が求められます）の立証活動と実質的な差異はありません。

2．賃貸借契約書

　賃貸借契約書は、居住用物件では2～3年ごとに更新される例が一般的です。更新時に、賃料の金額や、損害金の料率等が当初の契約内容から変更されている場合があります。中には連帯保証人が替わってしまっている場合もありますので、更新契約書の有無も確認してください。
　また、居室の賃貸借契約書とは別に駐車場の契約書が作成される場合もあります。駐車場の契約書の有無も忘れずに確認します。

3．入金履歴など

　賃料の集金等の業務を管理会社に依頼している場合、管理会社が、家賃台帳や業務用の管理システムその他の方法で、入居者からの賃料の支払状況を管理している場合がありま

す。そのような場合には、管理会社に依頼して、家賃台帳を借りたり、支払状況の一覧表を出力してもらうなどして、滞納の状況を疎明する資料として使用します。

　それらの資料がない場合には、通帳の記載などを参照しながら、表計算ソフトなどで支払状況の一覧表を作成します。

4．解除通知・配達証明書

　賃貸借契約上の賃借人に対し、被保全権利である建物（土地）明渡請求権が認められるためには、賃貸借契約が解除されていることが前提となります。解除の事実を疎明するために、解除通知（催告書）とあわせて、解除の意思表示が賃借人に到達したことを示す配達証明書を提出します。

　なお、賃借人が配達証明付き内容証明郵便を受け取らない場合（「不在」を理由として通知書が返戻されてしまった場合など）には、普通郵便にて再度の解除通知を行い、これが返戻されないこと（すなわち、宛先不明ではないことを意味します）をもって解除の意思表示が到達したことを疎明します。

5．建物図面

　集合住宅の一室について占有移転禁止仮処分を申し立てる場合、建物の図面上の当該居室部分を赤線で囲むなどして、各階のどの部分について仮処分を執行するのかを特定します。⇒第5章121頁の〔図面〕参照

　物件所有者は、建築確認申請時の建築設計図面等を所持していることが通常ですので、これを利用します。建築設計図面が見つからないときには、不動産登記簿に添付されている各階平面図（法務局で交付申請します。なお、コンピューター化されている登記簿の場合には、建物の所在地を管轄する法務局以外の法務局でも交付申請が可能です）を取得し、これに当該居室の位置や間取りを書き加えることもあります。入居者を募集する際に使用した間取り図などがあれば、それも活用できます。

6．住宅地図（ブルーマップ）

　現在、全国の市区町村のほとんどの地域で、住居表示に関する法律に基づく「住居表示」（○番○号という住居番号で住所を示す方法）が実施されています。一方、不動産登記においては、土地を表示するために「地番」が使用されており、両者は異なります。そこで、賃借人の住所地（住居表示）が、仮処分の対象である建物の地番と一致することを疎明する（「つながり」を疎明する）ために、ブルーマップその他の住宅地図を利用します。

　ブルーマップとは、住宅地図の上に、法務局（登記所）にある公図の内容を重ねあわせた地図で、「住居表示」から不動産登記に用いられている「地番」が簡単にわかるようにした地図帳です（地図上に地番等が青色で印刷されているためブルーマップと呼ばれています）。なお、「ブルーマップ」は、株式会社ゼンリンの登録商標ですが、同様の地図帳が他社からも発売されています。東京三会の図書館には、関東地方を中心とした市区町村のブルーマップが備えられています。弁護士会の図書館に目的の市区町村のブルーマップが見つからない場合には、法務局や公共の図書館に行って探します。

なお、地域によってはブルーマップが作成されていない場所もあります。そのような場合には、一般の住宅地図と公図（不動産登記簿に添付されており、法務局で交付申請できます）を取得して、地形を照合するなどして住居表示と地番のつながりを疎明するなどの工夫が必要となります。

7．住民票・自動車検査証

　賃借人が建物を占有している（居住している）ことを疎明するために、賃借人の直近の住民票を提出する場合があります。住民票は、賃借人の住所地が所属する自治体の住民課などに、職務上請求用紙を用いて請求します（利用の目的が裁判所への提出目的であることを具体的に記載してください）。
　また、賃借人が駐車場を占有していることを疎明するために、駐車車両の車検証を提出する場合があります。車検証の交付請求先は、普通車の場合は管轄の運輸支局または自動車検査登録事務所、軽自動車の場合は軽自動車検査協会の事務所または支所です。弁護士法第23条の2に基づく照会手続（弁護士会照会）が必要となる場合がありますので、事前に請求先に確認をしてください。

8．報告書

　占有移転禁止仮処分の申立書には、被保全権利の存在や、保全の必要性があることを疎明するために、関係者の「報告書」を添付することが通常です。報告書は、管理会社の担当者や、物件オーナーの名義で作成します。
　報告書には、①作成者の身上経歴等、②賃貸借契約の経緯等、③賃料滞納の経緯等、④当事者間の交渉経過（保全を必要とする理由）等を、できるだけ具体的な事実に基づき記載します。必要に応じて現地の写真（表札、郵便受け、自動車等）をつけることも検討します。
　報告書を作成する場合には、訴訟に提出する「陳述書」と同様に、関係者に委ねて作成してもらう場合もありますし、弁護士が文案を作成する場合もあります。いずれの場合も、作成者名義人の自署・押印をもらいます。文案の作成や署名押印をもらうまでに時間を要することがありますので、早めの準備を心掛けてください。

【仮処分申立委任状の記載例〜訴訟委任状】

訴 訟 委 任 状

平成　年　月　日

〒
東京都新宿区中新宿2丁目4番8号
　委任者氏名　　　　　　甲山　巧美　㊞

私は、次の弁護士を代理人と定め、下記の事件に関する各事項を委任します。

（受任者）
東京弁護士会所属
〒107-0052
東京都港区赤坂見附1丁目2番3号弁護士ビル4階
　　電話 03-3555-xxxxx　FAX 03-3556-xxxx
　　芳友法律事務所
　　　　弁護士　中　西　靖　雄

記

第1　事件の表示
　　（当事者）　　申立人：甲山巧美　　被告：乙川太郎
　　（裁判所）　　東京地方裁判所
　　（事　件）　　占有移転禁止仮処分命令申立事件

第2　委任事項
1．上記案件に関する一切の訴訟・調停・審判行為（本委任状添付の和解条項案に従った即決和解を締結すること。なお、添付の和解条項案に記載された権利義務関係及び確認内容についての変更がない限り、各和解条項の字句修正については代理人に一任する）。
2．和解、調停、請求の放棄、認諾、復代理人の選任。
3．民事訴訟法第48条（第50条3項、第51条において準用する場合を含む）の規定による脱退。
4．訴の取下。(注)
5．民事訴訟法第360条（第367条2項、第378条2項において準用する場合を含む）の規定による異議の取下又は取下の同意。
6．弁済の受領、代理供託並びに還付利息取戻し申請受領
7．復代理人の選任

㊞(捨印)

(注)仮処分申立事件は、執行不能等により取り下げに至る場合が少なくないため、
　　特別授権事項として「訴（申立）の取下」を必ず記載しておきます。

【供託委任状の記載例】

供 託 委 任 状

平成　年　月　日

〒
東京都新宿区中新宿２丁目４番８号
委任者氏名　　甲山　　巧美　㊞

私は、次の弁護士を代理人と定め、下記の事件に関する各事項を委任します。
（受任者）
東京弁護士会所属
〒107-0052
東京都港区赤坂見附１丁目２番３号弁護士ビル４階
　　電話 03-3555-xxxxx　FAX 03-3556-xxxx
芳友法律事務所
弁護士　　中　西　　靖　雄

記

㊞(捨印)

第１　事件の表示
　　（当事者）　債権者：甲山　巧美
　　　　　　　　債務者：乙川　太郎
　　（住　所）　東京都千代田区霞が関１丁目１番３号　かすみマンション401
　　（裁判所）　東京地方裁判所
　　（事　件）　平成 28 年㊀第○○○○号
　　　　　　　　占有移転禁止仮処分命令申立事件

第２　委任事項
１．上記事件の保証として、金○○○○円を　東京法務局に供託する件(注)
２．上記供託金の取戻・還付・利息の請求および受領の件
３．復代理人の選任の件

(注)　委任事項には、保証金の金額まで特定するようにしてください。

【報告書の記載例】

報　告　書

平成28年6月25日

東京地方裁判所　民事第9部　御中

東京都中央区西銀座5丁目1番1号
クリアビル
丙沢　三郎　

1　私は、全期不動産株式会社（以下「当社」といいます）の従業員です。このたび、当社が賃貸管理をしているマンションの1室において、賃借人が賃料の支払いを長期間延滞するなどのトラブルが発生しておりますので報告いたします。

2　賃貸の状況は以下の通りです。
(1)当社は、物件オーナーである甲山巧美氏から委託をうけて、千代田区霞が関1丁目1番3号所在の「かすみマンション」を管理しています。
(2)賃料を滞納しているのは、同マンションの4階401号室（契約面積48.50m²）（以下「本件建物」といいます。）に住んでいる、乙川太郎氏（以下「賃借人」といいます。）です。賃借人は、期間平成23年3月15日から平成25年3月14日まで、賃料月額金10万円、共益費1万円の約定で本件建物を賃借し、以後、2年ごとに更新を繰り返してきました。直近では、平成27年3月に更新を終えています。
(3)入居申込書には、賃借人以外の同居人はいないことになっていましたが、かすみマンションの管理人の話によると、1年ほど前から、賃借人の家族だと思われる女性と男の子が本件建物に出入りしているそうです。
(4)また、マンション1階の集合ポストを見たところ、401号室のポストには「乙川」のネームカードの下に、「乙川クラウディングサービス」と書かれた紙がセロハンテープで貼り付けてありました。

3　賃料不払いの状況は以下の通りです。
(1)賃借人は、平成27年7月分（支払期日平成27年6月30日）から賃料の支払いを滞らせるようになり、同月分が支払われたのは7月16日のことでした。その後も延滞が続いたため、当社は、直接本件建物を訪問したり、賃借人の携帯電話に電話をかけたりして、再三延滞賃料の支払を催促したのですが、賃借人は「今月は売上が少なかったので、もうしばらく待って欲しい。」「後ほどこちらから連絡します。」などと繰返すばかりで、結局、賃借人から当社に連絡があった試しはありません。
(2)平成28年1月10日に平成27年11月分の賃料の支払があったのを最後に、賃料の入金は一切ありません。現時点において、平成27年12月分から同28年6月分まで、7か月分の賃料滞納が発生しております。
(3)そこで、当社は、平成28年6月15日、代理人の弁護士を通じ、賃借人に対し、書面到達後1週間以内に支払いがなければ同期限の経過をもって賃貸借契約を解除する旨の催告書を内容証明郵便で発送したところ、同月16日、同書面は賃借人に到達しました。ところが、賃借人は、6月23日を経過しても賃料を支払いませんでした。

4　賃借人は、昨年12月分以降、かれこれ7か月間も賃料滞納を繰り返しています。このような状況に鑑みると、賃借人の経済状態は相当悪化しているものと推察され、本件建物をさらに他の者に転貸する等の事態が予想されますので、一刻も早く保全処分を認めて頂きたく、お願いする次第です。

4 仮処分の申立書を作成する

1. 申立の趣旨

占有移転禁止の仮処分の申立の趣旨は、下記のとおりです。

> ① 債務者は、別紙物件目録記載の物件に対する占有を他人に移転し、または占有名義を変更してはならない。
> ② 債務者は、上記物件の占有を解いて、これを執行官に引き渡さなければならない。
> ③ 執行官は、上記物件を保管しなければならない。
> ④ 執行官は、債務者に上記物件の使用を許さなければならない。
> ⑤ 執行官は、債務者が上記物件の占有の移転または占有名義の変更を禁止されていること及び執行官が上記物件を保管していることを公示しなければならない。

申立の趣旨は定型文ですので、上記をそのまま申立書に記載します。④は、事案によっては省略（執行官保管のみの場合）または変更（債権者に使用を許す場合）する場合がありますが、マンション等の住居物件の場合には、特殊な事情がない限り上記のとおり記載する（債務者に使用を許す）ことが一般的です。

2. 被保全権利及び保全の必要性

申立書には、①被保全権利と、②保全の必要性を記載します（民保13条1項）。

(1) 被保全権利

被保全権利は、他の請求権と識別することができるように、発生原因等を明らかにしなければなりません。建物（土地）明渡請求のための占有移転禁止仮処分を申し立てる場合、被保全権利は、ア）賃貸借契約の終了に基づく目的物返還請求権としての建物（土地）明渡請求権（賃借人の場合）、または、イ）所有権に基づく返還請求権としての建物（土地）明渡請求権（承諾のない転借人などの場合）であることが一般的です。

賃貸借契約の終了に基づく返還請求権を被保全債権とする場合には、賃貸借契約の成立および終了に関する要件事実、並びにそれらに関する重要な事実を記載します。具体的には、次の事実を記載します。

> ① 賃貸借契約を締結したこと
>   契約日、目的となる物件、賃料、期間、損害金の定めなどを特定します。
> ② 賃借人に物件を引き渡したこと
>   鍵の引渡日、入居日などを特定します。
> ③ 賃貸借契約の終了原因となる事実

> 賃料滞納の場合には、催告、催告期間の経過、及び解除通知をした事実を、日時を特定して記載します。

　所有権に基づく返還請求権を被保全権利とする場合には、債権者がその建物（土地）を所有していること、及び債務者（転借人等）がその建物（土地）を占有していることを記載します。この時、転借人等に占有権原がないこと（転貸借を承諾していないことなど）を記載することが通常です。
　これらの事実を疎明するために、賃貸借契約書、解除通知書及び不動産の登記事項証明書等を疎明資料として引用します。

(2) 保全の必要性

　保全の必要性とは、強制執行をすることができなくなるおそれ、または強制執行をするのに著しい困難を生ずるおそれがあることをいいます（民保23条1項）。申立書には、ア）債権者が建物（土地）明渡訴訟提起を準備中であること、イ）債務者が占有を移転するおそれがあること、ウ）もし占有が移転されると、勝訴判決を得てもその執行が不可能または著しく困難になることを簡潔に記載します。イ）の占有を移転するおそれについては、個々の事案ごとに具体的な事実を記載します。本書の事案であれば、建物に、賃借人以外の人物が出入りしている事実や、郵便受けに会社名と思われる名称が表示されていることなどを記載することになります。
　これらの事実を疎明するために、報告書等を疎明資料として引用します。

3．当事者目録及び物件目録

　占有移転禁止の仮処分の申立書には、当事者目録と物件目録を添付します。

(1) 当事者目録

　当事者目録に記載する当事者は、申立人である債権者、債権者代理人、及び物件の占有者である債務者の三者です。
　当事者の住所は、不動産登記簿に記載された地番ではなく、住居表示で記載します。債権者の現住所が、賃貸借契約書に記載された賃借人の住所や、不動産登記簿に記載された所有者の住所と異なっている場合には、住民票（個人の場合）や商業登記事項証明書（法人の場合）を取得して、住所が異動したことを疎明する必要があるので注意してください。
　占有移転禁止の仮処分は、執行官が占有を取り上げることによって執行されますので（民保52条1項、民執168条1項参照）、債務者は直接占有者に限られると解されています。したがって、たとえば無断転貸借がなされた事案では、債務者は転借人のみであり、賃借人（転貸人）は債務者になりません。
　シェアハウスなど複数人が一つの物件をそれぞれ独立して占有しているような事案や、物件が事務所兼住居として使用されており、法人と個人の共同占有が認められるような事案では、債務者が複数になる場合があります。そのような事案では、申立書の記載が複雑になり、裁判所での受付事務が遅滞することを避けるために、債務者1名ごとに申立書を分けて作成する場合もあります。

【申立書の記載例～占有移転禁止仮処分命令申立書】

<h1 style="text-align:center">占有移転禁止仮処分命令申立書</h1>

平成28年6月30日

東京地方裁判所　民事第9部　御中

債権者代理人　弁護士　中西　靖雄

当事者の表示　　　　　別紙当事者目録記載のとおり
被保全権利　　　　　　建物明渡請求権

<h2 style="text-align:center">申　立　の　趣　旨</h2>

　債務者は、別紙物件目録記載1及び2の不動産に対する占有を他人に移転し、又は占有名義を変更してはならない。
　債務者は、上記不動産の占有を解いて、これを執行官に引き渡さなければならない。
　執行官は、上記不動産を保管しなければならない。
　執行官は、債務者に上記不動産の使用を許さなければならない。
　執行官は、債務者が上記不動産の占有の移転又は占有名義の変更を禁止されていること及び執行官が上記不動産を保管していることを公示しなければならない。
との裁判を求める。

<h2 style="text-align:center">申　立　の　理　由</h2>

第1　被保全権利
1　債権者の所有権
　　債権者は、平成18年3月15日、申立外東京ひまわり不動産開発株式会社（以下「申立外会社」という。）から別紙物件目録記載1及び2の不動産を譲り受け、同日、所有権移転登記を経由した（甲1の1、2）。
2　債権者・債務者間の建物及び駐車場賃貸借契約
　　平成23年3月15日、債権者は、債務者との間で、別紙物件目録記載1の建物（以下「本件建物」という。）及び同記載2の土地（以下「本件駐車場」という。）の賃貸借契約（以下「本件契約」という。）を以下の約定で締結し、同日、本件建物及び本件駐車場を貸し渡した（甲2）。
　　なお、本件契約は、平成25年3月及び平成27年3月に以下と同一の内容にて更新された。
(1)期間
　　平成23年3月15日から平成25年3月14日
(2)賃料・共益費
　　賃料月額10万円・共益費月額1万円とし、毎月末日限り翌月分を前払いする。
(3)契約解除
　　債務者が、債権者に対する賃料の支払を2か月以上怠ったときは、債権者は本件契約を解除できる。
3　債務者の賃料不払及び債権者による契約解除
(1)債務者は、平成27年7月頃より、債権者に対する賃料の支払が遅れがちとなり、平成28年1月10日に平成27年11月分の賃料・共益費を支払ったのを最後に、その後一切賃料の支払いをしない。
(2)債務者の延滞賃料等は、平成28年6月5日の時点で、金77万円に達した（別紙入金履歴参照）。
そこで、債権者は、代理人弁護士を通じ、平成28年6月15日、債務者に対し、同月23日までに

上記延滞賃料等を支払うよう催告し、かつ同書到達後1週間以内に支払がない場合には、改めて意思表示することなく同期限の経過をもって本件契約を解除する旨の催告書を内容証明郵便にて発送したところ（甲3の1）、同催告書は同月16日に債務者に到達した（甲3の2）。

(3) ところが、債務者は、平成28年6月23日までに延滞賃料等の支払を一切しなかった。よって、本件契約は、同日の経過をもって解除された。

4　結語

よって債権者は、債務者に対し、本件契約の終了に基づく目的物返還請求権としての土地及び建物明渡請求権を有している。

第2　保全の必要性

1　債務者の現状

債務者は、平成27年7月分から支払の遅延が始まり、平成28年1月に、平成27年11月分の支払があった後は、一切の賃料等の支払をしない。

債権者は、債務者に対し、書面により再三延滞賃料の催促をしているものの（甲4の1～6）、債務者は一切無視している状況である。このような状況で延滞が解消される見込みはない。

2　結語

債務者は、平成27年12月分以降の賃料等を一切支払っておらず、現在、7か月分の延滞が発生している。債権者は、現在、債務者に対する土地及び建物明渡請求訴訟を準備中であるが、債務者の経済的状況が悪化していることを考え合わせると、本件建物及び本件駐車場を債務者以外の第三者に占有移転し、または占有名義の変更が行われる可能性は高く、そのような危険が現実化すると、本案訴訟にて勝訴判決を得ても、その執行が不能ないし著しく困難となる。よって、執行保全のため、本申立てに及ぶ次第である（全体につき甲5）。

疎　明　方　法

甲第1号証の1	登記事項証明書（建物）
甲第1号証の2	登記事項証明書（土地）
甲第2号証	賃貸借契約書
甲第3号証の1	停止条件付解除通知書
甲第3号証の2	配達証明書
甲第4号証の1～6	賃料請求書
甲第5号証	報告書
甲第6号証	ブルーマップ

附　属　書　類

1　甲号証写し　　各1通
2　登記事項証明書　　1通
3　固定資産評価証明書　　1通
4　訴訟委任状

※建物のみを対象として占有移転禁止仮処分を申し立てる場合には、単に「別紙物件目録記載の建物」と記載します。

債権者代理人の記載は、肩書きを誤って「訴訟代理人弁護士」とせず、「債権者代理人弁護士」とするように注意してください。代理人の住所の表示に前後して「(送達場所)」と記載すること（民保規則6条、民訴規則41条2項）や、代理人の電話番号及びFAX番号（民訴規則53条4項）を記載することも忘れないようにしてください。

(2) 物件目録

　物件目録の記載は、登記事項証明書の記載どおりに記載します。建物の場合には、「所在」、「家屋番号」、「種類」、「構造」、「床面積」を、土地の場合には、「所在」、「地番」、「地目」、「地積」を記載します。

　なお、マンションなどの区分所有物件の場合には、一棟の建物の表示、専有部分の建物の表示、敷地権の目的たる土地の表示、敷地権の表示を、登記事項証明書の記載どおりにすべて記載します。

　本書の事案のように、債務者の占有部分が一棟の建物の一部（マンションの1室）、または一筆の土地の一部分（駐車場の1区画）に限られている場合には、上記記載の末尾に、「……のうち2階部分」などと記載したり、建物図面を添付して「別紙図面の斜線部分」と記載したりして、仮処分執行の対象となる部分を特定します。

　特定が足りない場合、書記官から（または裁判官面接時に）補正を指示されることが通常ですが、最悪の場合には、執行対象部分の特定が足りないために仮処分執行の現場で執行不能となる可能性もあります。特に駐車場は、図面を自作して特定しなければならないケースが少なくありませんので、十分に注意してください。

【当事者目録の記載例】

```
             当 事 者 目 録

〒919-0449    東京新宿区中新宿2丁目4番8号
                    債権者    甲山  巧美

(送達場所)
〒105-0001    東京都港区赤坂見附1丁目2番3号
                    弁護士ビル4階
              電　話    03 - 3555 - ××××
              ＦＡＸ    03 - 3556 - ××××
                    芳友法律事務所
                    上記代理人弁護士    中西  靖雄

〒113-0033    東京都千代田区霞が関1丁目1番3号
                    かすみマンション401
                    債務者    乙川  太郎
```

第3章　保全処分

【物件目録の記載例】

```
                          物 件 目 録

  1    所  在       千代田区霞が関1丁目　1番地3
       家屋番号       1番3
       種  類       共同住宅
       構  造       鉄骨鉄筋コンクリート造陸屋根5階建
       床 面 積    1階   322.20 平方メートル
                  2階   285.60 平方メートル
                  3階   285.60 平方メートル
                  4階   285.60 平方メートル
                  5階   285.60 平方メートル
       のうち4階401号室（別紙図面の赤線で囲まれた部分約○○.○○平方メートル）

  2    所  在       千代田区霞が関1丁目
       地  番       1番3
       地  目       宅地
       地  積       537.60 平方メートル
       のうち区画3（別紙図面の赤線で囲まれた部分）
```

※別紙図面は121頁を参照。

5　仮処分を申し立てる

　中西弁護士は、裁判所に占有移転禁止の仮処分を申し立てました。保全事件の担当窓口に申立書を提出し、待合室で待っていると、呼び出しの放送がありました。

「（ピー）……甲山巧美代理人　中西先生　3番までお越しください……（ガチャッ）」
（よしっ。呼ばれたぞ。3番の机だな。）

裁判官　「担当裁判官の○○です。よろしくお願いいたします。」
中　西　「よろしくお願いいたします。」
裁判官　「さっそくですが、まずは原本を確認させていただけますか？」
中　西　「はい。原本は、このとおり……登記事項証明書、契約書、解除通知書などです。」
裁判官　「……はい。確認しました。結構です。」

裁判官　「それでは、申立書の内容に移りたいと思います。まずは形式的な点で恐縮ですが、当事者目録の債権者の住所が、目録には建物名称と階まで記載されて

いますが、登記事項証明書上は住居番号までで終わっているようです。目録の記載を、登記事項証明書にあわせて修正していただけますか？」
中　西　（いけない、資料をよく見ておけばよかった！）「……はい。承知しました。」
裁判官　「この物件ですが……実際には、家族で住んでいるということでしょうか。」
中　西　「はい。そのようです。」
裁判官　「賃借人の家族で間違いないですよね。」
中　西　「はい。報告書に書かれているとおり、管理会社の担当者が現地調査したところ、賃借人が妻と子どもと住んでいるという状況のようです。」
裁判官　「駐車場の車は、賃借人が使用している車両ですか。」
中　西　「はい……」（やばい、車検証の登録名義を確認してなかったぞ）「えーっと、駐車場の利用申込書に記載されている車両のナンバーと、現在駐車されている車両のナンバーが一致していますので、その点も間違いないと思います。」
裁判官　「そうですか。それなら問題ないですね。」
裁判官　「それでは担保ですが、滞納額も６か月分に達しているようですし、通常どおり、賃料の２か月分、20万円を１週間以内にお願いします。」
中　西　「はい。承知しました。」
裁判官　「仮処分命令の発令までに、忘れずに当事者目録を差し替え提出しておいてください。」
中　西　「わかりました。」
裁判官　「それでは、お疲れさまでした。」
中　西　「ありがとうございました。」

1．申立書の提出（受付審査）

　申立書の準備が整ったら、裁判所に占有移転禁止の仮処分を申し立てます。事前に裁判所に電話をするなどして保全事件の担当窓口を確認してから、申立書を提出するようにしてください。

　東京地方裁判所では、民事第９部が保全事件を専門に扱っています（なお、労働事件や知財事件に関係する保全事件は、各事件の専門部が窓口になります）。

　申立書を窓口に提出すると、書記官が書面の内容や添付書類を審査し、問題がなければ受理されることが通常です。単純な記載ミスなどはその場で補正を求められる場合がありますので、訂正印（職印）を忘れずに持参してください。付属書類や疎明資料が不足している場合には、追加提出を求められます。

　東京地方裁判所民事第９部の受付時間は、正午から午後１時を除いた午前８時30分から午後５時までです。カウンターにある発券機から番号札を取り、自分の番号が呼ばれるのを待ってから受付を行います。

第3章　保全処分

2．裁判官面接

申立書が受理されると、次はいよいよ裁判官面接です。

(1) 面接時間

東京地方裁判所民事第9部では、仮処分の申立後、すべての事件について裁判官面接が実施されます。横浜、千葉、さいたまの各地方裁判所（本庁）もほぼ同様の運用です。

東京地方裁判所民事第9部の面接時間は以下のとおりです。待合室で待機していると、呼出しの放送がありますので、指定された番号の机に向かいます。

- 当日面接の場合
  午前11時～午後4時30分（正午～午後2時を除く）
  受付審査が終了してから裁判官面接の実施までは2時間30分程度

- 面接予約をする場合
  翌日（翌開庁日）または翌々日の午前10時または午後1時30分に面接実施
  翌日午前10時の面接を予約する場合は、前日午3時30分ころまでに受付審査を終えておく

---

(2) 主張及び疎明についての釈明

裁判官面接では、疎明資料の原本の確認が行われます。忘れずに書証の原本を持参してください。

続いて、裁判官から、被保全権利及び保全の必要性について釈明を求められる場合があります。したがって、面接に臨む際には、予め事案を整理し、契約内容や事実経過の詳細を確認しておく必要があります。また、裁判官から質問されたときは、質問の意図を理解し、口頭で主張を補充するように努めなければなりません。

裁判官から、代理人が気付いていなかった問題点について質問をされることもあります。申立書に添付した疎明資料に加えて、依頼者から預かっている資料や打合せ時の記録（メモ）などできるだけ多くの資料を持参していれば、そのような質問にも対応できる場合があります。

裁判官面接の結果、主張や疎明が不十分だと判断された場合には、申立書の修正や疎明資料の追加を求められます。その上で、再度の裁判官面接が必要になる場合もあります。

(3) 担保決定

裁判官面接で行われる一番重要な手続は、担保の額を決定し、債権者に告知することです。

裁判官は、事件の具体的な事情や、被保全権利および保全の必要性の疎明の程度などを考慮して、事件ごとに担保の額を決定します。東京地方裁判所民事第9部では、担保の額を算定する大まかな基準が設けられており、物件の価格（固定資産評価額）に一定の料率を乗じた金額や、賃料の金額を目安にして担

保の額が算定されています。たとえば、被保全権利が賃貸借契約の終了に基づく明渡請求権の場合には、賃料の2～3か月分が担保の額として決定される場合が多いようです。担保額の算定基準については、司法研修所の民事弁護教材「民事保全」に詳しい解説がありますので参考にしてください。

裁判官面接が実施されない裁判所では、裁判官からの電話などで、担保の額が告知されます。

担保は、通常1週間程度の期間を定めて提供（供託）することが決定されます。定められた期間内に供託しないと、仮処分の申立てが却下されることになりますので、予め依頼者に資金の準備をお願いしたり、場合によっては代理人の預かり口に一定額を預かったりしておく必要があります。連休を挟む場合や、その他特別な事情がある場合には、裁判所に要請して、担保を提供すべき期間を通常より長めに定めてもらいます。

6 担保提供～仮処分決定の発令

1．担保提供の窓口

(1) 担保提供は、担保を立てるべきことを命じた裁判所または保全執行裁判所の所在地を管轄する地方裁判所の管轄区域内の供託所（民保4条）で行います。具体的には、管轄区域内の法務局、地方法務局及びその支局、または法務大臣の指定する出張所の供託窓口で（供託1条）、金銭を供託します。

東京地方裁判所に仮処分を申し立てた場合には、九段にある東京法務局の5階が供託の窓口です。千葉、さいたま、横浜地方裁判所に仮処分を申し立てた場合には、千葉、さいたま、横浜の各地方法務局の供託窓口に供託します。

(2) 管轄区域が遠方の場合には、電子納付を利用すると便利です。これは、必要書類を管轄の法務局に送付すると、折り返し「供託受理決定通知書」が返送され、これに記載された番号等を用いて、「Pay-easy（ペイジー）」の愛称で普及している電子納付の方法で担保を供託できるというものです。詳しくは法務省のホームページ（http://www.moj.go.jp/MINJI/minji67.html）等を参照してください。

また、前記のとおり、担保提供は原則として管轄区域内の供託所で行う必要がありますが、裁判所の許可により、例外的に管轄外の供託所に供託することも可能です（民保14条2項）。この場合には、仮処分の申立時に、「管轄外供託の上申書」を提出します。供託書や供託受理決定通知書の受発送を待つ時間がない事業には、管轄外供託によって時間を短縮できる場合があります。

第3章　保全処分

2．供託の方法

(1) 担保の提供は、供託所の窓口に以下の書類を提出します。供託手続は金銭の授受を伴う厳格な手続ですので、委任状の記載等についても細心の注意が必要です。

【担保の供託に必要な書類】

□ 供託物払渡請求書	用紙は法務局（供託書）に備えてあります。
□ 供託書正本	
□ 供託委任状	供託時に実印・印鑑証明書の確認を受けておくと、取戻請求の際に便利です。 管轄外供託を行う場合には、特別授権事項として「民事保全法14条2項による供託」を追加してください。
□ 資格証明書	当事者が法人の場合や、当事者に法定代理人がある場合に必要となります。作成後3か月以内のものが必要です。

【管轄外供託の上申書の記載例～管轄外供託の許可申請書】

```
平成28年（ヨ）第　　　　号　占有移転禁止仮処分命令申立事件
債権者　　甲山　巧美
債務者　　乙川　太郎


                        管轄外供託の許可申請書

                                                    平成28年6月○日

東京地方裁判所　民事部　御中

                              債権者代理人弁護士　中西　靖雄 ㊞

              当事者の表示　別紙当事者目録記載のとおり


　上記当事者間の頭書事件につき、金　○○○○　円の供託を立てることを命じられましたが、債権者の住所地及び債権者代理人の住所地がいずれも東京都であり、同所から貴庁の管轄区域からは遠隔地であるため、債権者代理人の住所地を管轄する東京法務局にて供託することにつき、許可願いたく申請致します。
                                                              以　上
```

供託書用紙は何種類かあるうち、「裁判上の保証及び仮差押・仮処分解放金」用の用紙を使用します。
　「供託者の住所氏名」欄には債権者の住所氏名を、「被供託者の住所氏名」欄には債務者の住所氏名を、申立書に添付した当事者目録の記載どおりに記入してください。また、「裁判所の名称及び件名等」欄には、仮処分申立事件の事件番号を間違えないように記入してください。当事者や事件番号に誤りがあると、申立事件と担保提供との関連性に疑義が生じ、円滑に仮処分決定が発令されない可能性があります。

【供託書】

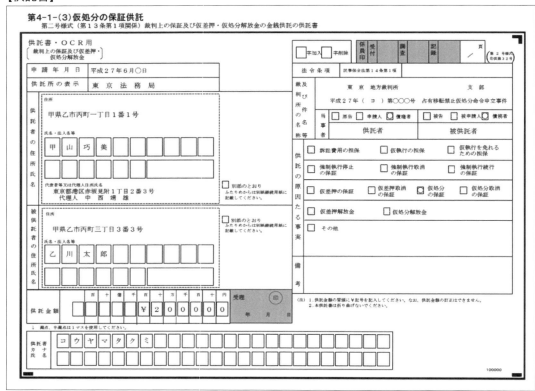

(2)　必要書類を窓口に提出し、あわせて裁判所で告知された金額を現金で納入すると（なお前記のとおり、窓口納付の他に電子納付の方法がよく用いられ）、記載事項及び金額の確認を受けた後、供託書正本が交付されますので、これを受領すれば手続終了です。

3．仮処分決定の発令

(1)　担保提供を終えたら、供託所で交付を受けた供託書正本を、裁判所の保全事件の窓口（東京地方裁判所民事第9部の場合には、発令係2番窓口）に提出します。あわせて、仮処分決定正本に添付するための当事者目録を提出します。もし、裁判官面接で追完するように指示された書面や目録等があれば、それらの書類も提出します。また、仮処分決定正本送達用の郵便切手を予納します。

本書の事案では、裁判官面接の際に、裁判官から当事者目録の差し替えを指示されていましたので、忘れずに当事者目録の債権者の住所を訂正しておく必要があります。
　仮処分決定発令のために提出すべき書類は次のとおりです。

【仮処分決定発令のために提出する書類】

□供託書正本	原本1通を提示し、写し1通を提出します。
□当事者目録	3通提出します。
□郵券	1,082円分（債務者1名の場合）を予納します。
□追完書類	裁判所から書面の追完等を指示された場合には、それらの書面を提出します。

(2)　供託書正本の提出を受けた裁判所は、その当日または翌日に占有移転禁止の仮処分決定を発令し、債権者に仮処分決定正本を交付します。東京地方裁判所民事第9部における仮処分決定正本交付の扱いは次のとおりです。

供託書正本等を提出した時刻	仮処分決定正本の交付時刻
午前8時30分〜午前11時00分	当日午後3時以降
午前11時00分〜午後4時00分	翌日午前11時以降
午後4時00分〜午後5時00分	翌日午後3時以降

(3)　仮処分決定が発令されると、決定正本が債務者にも送達されます（民保17条）。
　もっとも、占有移転禁止の仮処分が執行される前に債務者に決定正本が送達されてしまうと、債務者が仮処分の執行を妨害するおそれもあります。そのため、仮処分命令は、決定正本が債務者に送達される前に執行することができるとされており（民保43条3項）、実務上は、執行の着手と同時または執行後に送達する扱いが一般的です（裁判所によって扱いが異なりますので、事前に確認してください）。
　東京地方裁判所民事第9部では、債務者宛ての決定正本の発送は、決定発令日の翌日から起算して1週間後にする扱いとなっています。執行官との打合せにより（⇒**7仮処分執行の申立**参照）、仮処分の執行日が仮処分決定の発令から1週間後の日になった場合には、上記発送予定日までに、裁判所に「送達延期の上申書」（「遅らせ上申書」とも呼ばれます）を提出して、仮処分の執行後に債務者宛てに決定正本を発送してもらうようにする必要があります。

【遅らせ上申書式の記載例～送達延期の上申書】

平成28年（ヨ）第　　　　号　占有移転禁止仮処分命令申立事件
債権者　　甲山　巧美
債務者　　乙川　太郎

送達延期の上申書

平成28年6月　日

東京地方裁判所民事第9部　御中

債権者代理人弁護士　中　西　靖　雄

当事者の表示別紙当事者目録記載のとおり

　上記当事者間の標記事件につき、保全執行日が平成28年7月〇日に決まりましたので、債務者に対する仮処分決定正本の発送は、執行後の平成28年7月〇日以降にされたく上申します。

以　上

4．担保の取消し

　仮処分申立ての際に供託した担保は、事件が一定の解決に至った場合には、裁判所の担保取消決定を得て、供託所から供託した担保の払渡し（返還）を受ける必要があります。そこで、前記2で説明した担保提供の方法とあわせて、担保の取消しの手続についてもここで説明しておきます。

(1) 供託原因消滅証明書の取得

　供託済みの担保の払渡しを受けるには、まず、裁判所の担当部から供託原因消滅証明書の交付を受ける必要があります。供託原因消滅証明書の交付を受けるためには、下表のとおり、担保の取消原因（民保4条2項、民訴79条）に応じて、それぞれの取消原因を証明する文書を裁判所に提出する必要があります。

第3章　保全処分

担保取消原因	例	必要書類	証明書交付に要する期間
担保事由の消滅（民訴79条1項）	本案訴訟で勝訴した場合	・判決書 ・判決確定証明書	約1か月
担保権者の同意（民訴79条2項）	本案訴訟が和解により終了した場合	・和解調書 なお、和解条項には、被告が担保取消に同意する旨、及び即時抗告権を放棄する旨の条項を必ず設ける（第●章参照）	約1週間
	訴外の和解等が成立した場合	・担保取消の同意書 ・債務者の印鑑証明書または債務者代理人弁護士宛の委任状 ・債務者の担保取消決定正本の受書 ・債務者の即時抗告権の放棄書	
権利行使催告（民訴79条3項）	本案訴訟を取り下げた場合	・訴状の写しを添付した訴えの取下証明書	約2か月
	仮処分が執行不能だった場合	・仮処分不能調書　なお、仮処分命令申立の取下が必要	

　上表に挙げた担保取消事由を証明する文書とともに、担保取消しの申立書類一式を裁判所に提出すると、裁判所から供託原因消滅証明書の交付を受けることができます（申請書の末尾に、裁判所書記官の「上記証明する」旨の文言と押印をもらいます）。
　なお、東京地方裁判所民事第9部における、担保取消しの申立書の提出から供託原因消滅証明書の交付までに要する期間の目安は上表のとおりです。供託済みの担保を取り戻すまでには時間を要しますので、その旨を依頼者に説明しておくことも重要です。

【担保取消しの申立書類】

□担保取消の申立書	
□供託原因消滅証明申請書	正本1通、副本1通を提出する。
□供託原因消滅証明の受書	1通
□取消原因を説明する文書	
□収入印紙	150円。供託原因消滅証明申請書に貼付する。
□郵便切手	1,072円（債務者1名あたり。民訴79条1項3項の場合）82円（同。民訴79条2項の場合）

【供託原因消滅証明申請の記載例～供託原因が消滅したことの証明申請】

平成　年（ヨ）第　○○○○号
申　立　人（債権者）　　甲山　巧美
被申立人（債務者）　　乙川　太郎

［収入印紙］

供託原因が消滅したことの証明申請

平成　年　月　日

東京地方裁判所　民事第9部　御中

申立人代理人弁護士　　中　西　靖　雄　㊞

　頭書事件につき申立人が供託した別紙供託物の供託原因が消滅したことを証明されたく申請致します。

受　書

1　供託原因消滅証明書　　　　　　　　1通

上記受領致しました。

平成　年　月　日

東京地方裁判所　民事第9部　御中

申立人代理人弁護士　　中　西　靖　雄

(2) 担保の取戻請求

　裁判所から供託原因消滅証明書の交付を受けたら、供託所（法務局）の窓口で供託金の取戻請求の手続をとります。窓口で提出する書類は次のとおりです。

【担保の取戻請求に必要な書類】

□供託金払渡請求書	用紙は法務局（供託書）に備えてあります。
□供託書正本	
□供託原因消滅証明書	裁判所から交付を受けます。
□取戻し委任状	委任事項に「下記の供託金の還付・取戻請求及び受領並びに同利息の請求及び受領に関する一切の件　記　○○地方法務局　平成28年度金第○○○○号」などと記載します。
□資格証明書	当事者が法人の場合や、当事者に法定代理人がある場合に必要となります。作成後3か月以内のものが必要です。
□印鑑証明書	債権者が法人の場合に必要になります。 供託時の委任状に実印・印鑑証明書の確認を受けておくと、印鑑証明書に代えることができます。

供託した担保は、供託所の窓口で、日本銀行の自己宛小切手（預手）によって受け取ります。他に、指定銀行の窓口での受取（隔地払い）、預貯金口座への振込等によっても受け取ることができますが、払渡請求時の手続が簡便で、市中のどの銀行でもすぐに現金化できる預手で受け取ることが一般的です。

【取戻し委任状の記載例～供託委任状】

供 託 委 任 状

平成28年8月　　日

東京都新宿区中新宿2丁目4番8号
委任者氏名　　　　甲山　巧美　㊞

私は、次の弁護士を代理人と定め、下記の事件に関する各事項を委任します。

（受任者）
東京弁護士会所属
〒107-0052
東京都港区赤坂見附1丁目2番3号弁護士ビル4階
　電話 03-3555-xxxxx　FAX 03-3556-xxxx
　　　芳友法律事務所
　　　　弁護士　　中　西　靖　雄

記

第1　事件の表示
　　（当事者）　　債権者：甲山　巧美
　　　　　　　　債務者：乙川　太郎
　　（住　所）　東京都千代田区霞が関1丁目1番3号　かすみマンション401
　　（裁判所）　東京地方裁判所
　　（事　件）　平成28年(ヨ)第〇〇〇〇号
　　　　　　　　占有移転禁止仮処分命令申立事件

第2　委任事項

　下記の供託金の還付・取戻請求及び受領並びに同利息の請求及び受領に関する一切の件。

記
東京地方法務局　平成28年度金第〇〇〇〇〇号

7　仮処分執行の申立て

　執行官室の窓口に、占有移転禁止の仮処分の執行を申し立てた中西弁護士の事務所に、執行官から電話がかかってきました。

☎　プルルルッ……

「はい、芳友法律事務所です……はい、少々お待ちください。……中西先生、裁判所の執行官からお電話です！」

中　西　「……はい、お電話を替わりました。弁護士の中西です。よろしくお願いいたします。」

執行官　「執行官の○○です。よろしくお願いいたします。さっそくですが、先生が申し立てた事件ですが、執行の日程を決めさせてください。○月○日木曜日、午前11時はいかがでしょうか。」

中　西　「はい。その時間で結構です。」

執行官　「合鍵はお持ちですか？」

中　西　「はい。管理会社が合鍵を管理しています。」

執行官　「当日忘れずにご持参ください。それでは、鍵屋の手配はよろしいですね？」

中　西　「いえ、念のため鍵屋さんも同行しますが、こちらで手配いたします。」

執行官　「この物件は、一般の住宅ですか……どなたか在室している可能性が高いでしょうか。」

中　西　「そうですね。日中は奥さんが在室している可能性が高いと思います。」

執行官　「わかりました。その他に、何か伺っておくことはありますか？」

中　西　「駐車場がありますので、そちらについてもよろしくお願いいたします。」

執行官　「ああ、そうでしたね。公示書をどうするかは、現地で判断しましょう。・・・それでは、このくらいでよろしいでしょうか。」

中　西　「はい。当日はよろしくお願いいたします。」（ガチャン）

第3章　保全処分

1．執行の申立て

　担保を提供し、占有移転禁止の仮処分決定の発令を受けたら、仮処分の執行を申し立てます。申立ては、目的物の所在地を管轄する地方裁判所の執行官に対して行います。東京地方裁判所では、3階にある執行官室が申立ての窓口です。

　仮処分の執行の申立書類は次頁の表のとおりです。

　申立書が受理されると、保管金（予納金）の金額が記載された保管金提出書が交付されますので、所定の金額を裁判所の出納窓口か、または振込の方法により納付します。納付時に職印が必要になりますので注意してください。

　東京地方裁判所では、申立時に執行官との面接票を渡されます。面接票には、担当執行官とその執行官の予定（裁判所に不在の日がある場合）等が記載されていますので、執行官との面接日（後記3を参照）を決める際の参考にしてください。

【面接票】

```
担当執行官名 _____

┌─────────────────────┐
│         面  接  票        │
├─────────────────────┤
│ 1（執イ）動産  2（執ロ）明（引）渡し  3（執ハ）保全 │
├──────┬──────────────┤
│ 債 権 者  │              │
├──────┼──────────────┤
│ 債権者代理人│              │
├──────┼──────────────┤
│ 債 務 者  │              │
├──────┼──────────────┤
│ 執 行 場 所 │    区       │
├──────┴──────────────┤
│ 担当執行官，債権者，債権者代理人及び債務者の氏名 │
│ 並びに執行場所を記入のうえ，面接当日の午前8時50分 │
│ から同9時20分までの間に「面接票入れ」に入れて，呼出し │
│ があるまでお待ちください。              │
│  面接時間は午前9時00分から同25分までです。    │
│  面接の際に，執行日時，待合わせ場所等の他，執行に │
│ 必要な事項を打ち合わせてください。         │
│  執行官は，午前9時30分には執行場所に向け出発します │
│ ので，時間厳守のほどお願いいたします。       │
├─────────────────────┤
│ 面接できない日  ①　／　②　／　③　／   │
└─────────────────────┘
```

【仮処分執行の申立書類】

□仮処分執行申立書	用紙は執行官室に備えてあります。物件目録・建物図面・当事者目録を綴って、綴目に契印を押印します。
□物件目録及び建物図面	4部[*1]
□当事者目録	3部[*1]。末尾に債務名義を記載します。【書式】
□仮処分決定正本	正本は返還されませんので注意してください。[*2]
□債務者に関する調査表	用紙は執行官室に備えてあります。
□現場周辺の住宅地図等	執行場所の案内図として、「債務者に関する調査表」に添付します。現場周辺のブルーマップ、住宅地図、公図等を添付します。インターネットで取得した地図なども利用可能です。事案によっては、最寄駅から対象物件までの道順がわかる案内図の提出を求められる場合もありますので、事前に裁判所に確認してください。
□資格証明書	当事者が法人の場合や、当事者に法定代理人がある場合に必要となります。[*3]
□委任状（執行申立用）	
□保管金（予納金）	30,000円（1物件・債務者1名の場合）[*4]

＊1 東京地方裁判所の場合。申立書に綴る目録とは別途、債務者への送達等のために指定された通数の目録を提出します。
＊2 東京地方裁判所の場合。裁判所によって扱いが異なります。
＊3 東京地方裁判所では、仮処分決定発令から執行申立時までに登記事項に異動がない場合には、資格証明書の提出を求めない扱いです。
＊4 東京地方裁判所の場合。ただし個別の事案に応じて執行官が適宜の金額を決定する場合があります。また、裁判所によって基準となる金額は異なります。

第3章　保全処分

【仮処分執行申立書の記載例】

注意 ①申立書に使用した債権者，又は代理人の印鑑と，保管金提出書に使用する印鑑が異る場合は受付係に申し出て下さい。②該当文字を○で囲む。		立会希望日　月　日	執行の立会　有・無

強　制 仮差押・○仮処分○　執行申立書	受付印		郵送地方
東京地方裁判所　　執行官　御中 　　　支部 　　平成２８年６月　　日	予納金 （解錠執行　有・無）　　円	担当 　　区	

（〒107-0052）	住　所	東京都新宿区中新宿２丁目４番８号
	債権者	甲山　巧美
（〒105-0001）	送達場所	東京都港区赤坂見附１丁目２番３号 　　　　　　　　弁護士ビル４階
	代理人	弁護士　　中　西　靖　雄
（〒110-0005）	住　所	東京都千代田区霞が関１丁目１番３号 　　　　　　　　かすみマンション４０１号
	フリガナ 債務者	オツカワ　　タロウ 乙　川　太　郎
（〒　　－　　）	住　所	
	フリガナ 債務者	

目的物の所在場所　目的物所在地の略図は別紙調査表のとおり
（執行の場所）

①．前記債務者の住所

２．左記債務者の住所

３．

連絡先　電話　（０３）３５５５－××××　（担当者　　○○　　）

執行の目的及び執行の方法	
イ．動産執行（家財・商品類・機械・貴金属・その他）	
ロ．建物明渡・土地明渡・建物退去・代替執行（建物収去等）・不動産引渡	
動産引渡・船舶国籍証書等取上・自動車引渡	
㋩．動産仮処分（家財・商品類・機械・貴金属・その他）	
⓪仮処分（動産・⓪不動産・その他）	
特別法に基づく保全処分	

請求金額　金　　　　　　　　　円　（内訳は別紙のとおり）

目的物件　　別紙のとおり

債務名義の表示

①．　東京地方裁判所　　　　支部　昭和/㊂平成　２８年（ヨ）第　〇〇〇　号
　　　判決・仮執行宣言付支払命令・仮執行宣言付支払督促　　　調書
　　　仮差押命令・㊂仮処分命令・不動産引渡命令
②．　　　　法務局所属公証人　　　　　　　作成

　　昭和
　　平成　　　年　第　　　　　号　執行証書

添付書類		
①　上記の正本　　　　　　１通	１．同時送達の申立　　有・㊂無	
２．送達証明書　　　　　　　通	２．執行調書謄本を関係人に交付されたい。	
３．確定証明書　　　　　　　通	３　事件終了後，債務名義正本・送達証明書を	
４．資格証明書　　　　　　　通	返還下さい(但し全額弁済を除く)。	
⑤．委任状　　　　　　　　１通	債権者代理人　　　　　　　　　　　　印	
⑥．債務者に関する調査表　１通	４　関連事件の事件番号	
７．更正決定の正本　　　　　通		
８．更正決定の送達証明書　　通	年（執　）	
９　　　　　　　　　　　　通	第　　　　　号	

当 事 者 目 録

〒107-0052　東京都新宿区中新宿2丁目4番8号
　　　　　　債　権　者　　甲　山　巧　美

（送達場所）
〒105-0001　東京都港区赤坂見附1丁目2番3号
　　　　　　　　　　　　弁護士ビル4階
　　　　　　電話　　03-3555-××××
　　　　　　FAX　 03-3556-××××
　　　　　　芳友法律事務所
　　　　　　　　上記代理人弁護士　中西　靖雄

〒110-0005　東京都千代田区霞が関1丁目1番3号
　　　　　　　　　　　　かすみマンション403号
　　　　　　債　務　者　　乙　川　太　郎

債　務　名　義
東京地方裁判所　平成28年（ヨ）第　○○○　号　不動産仮処分決定正本

債務者に関する調査表

ふりがな	おつかわ　　たろう		男・女	年　令	在 宅 状 況
氏　名	乙　川　太　郎		㊚	43才	日中は債務者の妻が在宅していると思われる。
職　業　（具体的に記載して下さい。）					
システム受託開発（個人事業主）					

同居の家族等の状況

同 居 者 氏 名	続　柄	年令	職　業	在 宅 時 間
乙川　智子	妻	才		日中
乙川　哲夫	長男	才		
		才		
		才		

目的物件所在地（執行場所）の略図
　（最寄りの駅から記載し，執行場所の周辺は具体的に書いて下さい。）

2．執行補助業者への連絡

(1) 占有移転禁止の仮処分の執行には、執行補助業者を同行することが一般的です。執行補助業者は、執行の現場で、執行官が占有認定をするための資料（郵便物や公共料金の納付書など）を集めたり、公示書を貼付したりする作業を補助します。また、仮処分執行に補助業者を同行することによって、将来強制執行（本執行）を実施することを見据えて、搬出すべき荷物の量や、必要な機材人員の見積などを早期に行うこともできます。

(2) 執行業者は、事務所の弁護士や先輩などに、知り合いの業者を紹介してもらえる場合があります。知り合いの執行業者がいない場合には、執行官室に紹介してもらったり、裁判所に備え付けの執行業者の名簿を参照したりすることも可能です。執行業者の立会費用は、20,000円〜25,000円が一般的です。

(3) 仮処分決定正本が債権者に送達されてから2週間を経過すると、仮処分を執行できなくなってしまいます（民保43条2項）。代理人弁護士、執行補助業者、そして執行官の日程を調整して、上記期間内で仮処分執行の日を定めなければなりませんので、仮処分執行を申し立てるまでに、執行業者に連絡をして、仮処分執行の候補日を調整しておくように心掛けましょう。

3．執行官との打合せ

(1) 仮処分執行の申立てを行い、保管金（予納金）を納めると、担当の執行官から電話連絡があることが一般的です。急ぎの場合等には、弁護士が執行官室に電話連絡することもあります。執行官と連絡がとれたら、仮処分執行について打合せを行います。

東京地方裁判所では、電話連絡ではなく執行官面接を行います。面接には、執行補助業者にも立ち会ってもらうとよいでしょう。

面接時間は午前9時00分〜9時30分（受付時間は8:50〜9:20）、場所は東京地方裁判所3階の執行官室です。予約は不要ですので、直接執行官室に赴いて面接簿に必要な事項を記載し、名前が呼ばれるのを待ちます。面接時間の終了を待たずに執行官が席を離れてしまう場合もありますので、できるだけ早く受付を済ませるように心掛けましょう。

(2) 執行官との打合せでは、まず、仮処分執行の日時を決定します。東京地方裁判所の場合、仮処分執行の日が定発令日の翌日から起算して1週間以上後になる場合には、忘れずに債務者送達の「遅らせ上申書」を提出してください（56頁）。

占有移転禁止の仮処分は、債務者その他の居住者等が在室しているか否かにかかわらず、建物内に入室して執行します。そのため、居住者等がいない場合に備え、合鍵の有無及び所在（誰が保管しているのか）を確認しておく必要があります。執行官との打合せでもこの点を必ず質問されますので、予め依頼者に確認しておきましょう。

合鍵がない場合には解錠技術者を同行する必要があります（合鍵がある場合にも、債

務者によって鍵が取り替えられている場合などに備えて解錠技術者を同行する場合があります。事案に応じて解錠技術者を同行する必要性を検討してください)。代理人が知り合いの解錠技術者を依頼する場合にはその旨を、執行官に手配してもらう必要がある場合にはその旨を伝えます。

　その他、仮処分執行の予定時刻に債務者またはその家族が在室している可能性や、特別な事情(要介護老人が在室する、大型犬を飼っているなど)がある場合には、仮処分を円滑に執行できるように、それらの事情も予め執行官に伝えておきます。

8　占有移転禁止の仮処分の執行

　占有移転禁止の仮処分の執行当日を迎えました。中西弁護士は、指定された時刻の30分前に現地に到着しました。すぐに執行補助業者や管理会社の担当者、立会人も到着しました。しばらくすると、執行官が乗った車が近くの路上に駐車しました。

中　　西　「執行官、おはようございます。債権者代理人の中西です。」
執 行 官　「おはようございます。執行官の宇野です。よろしくお願いいたします。」
立会証人　「立会証人の時良です。よろしくお願いします。」
補助業者　「……どうやら在室している様子です。車はありませんね。」
執 行 官　「そうですか。それではさっそく始めましょうか。じゃあ、ポストを開けてください。ダイヤル錠の番号はわかりますか？」
管理会社社員　「あ、はい。私が開けてもよろしいでしょうか。」
執 行 官　「お願いします。」
補助業者　「……郵便物は、すべて「乙川修」宛です。「乙川クラウディングサービス」宛はありませんね。」
中　　西　「なるほど。では上に行きましょう。」

♪ピンポーン
執 行 官　「乙川さん、東京地方裁判所の執行官です。開けてください。」
　　　　　　(身分証明書を提示しながら)
執 行 官　「乙川さんですね。裁判所の執行官です。本日は、こちらの物件に仮処分を執行するために伺いました。詳しい説明をさせていただきますので、中に入ってもよろしいですか？」

執 行 官　「乙川修さんが家賃を滞納したために、債権者が明渡訴訟の準備をしてい

ます。訴訟に先立ち、この家が乙川さん以外の人に占有されないように、今日は、仮処分という手続を行うためにお邪魔しました。後ろにいるのは、立会証人と債権者の代理人です。

乙川さんの奥様で間違いないですか？　乙川さんの住民票には、奥様のお名前がないようですが。」

妻　　　「ええ、夫が前の会社を退職するまでは、単身赴任でこの家に住んでいましたので。私と息子がこちらに来て一緒に住むようになったのは、最近、夫が会社を辞めて独立してからです。」

執行官　「なるほど。ポストに表札が出ていたのですが、「乙川クラウディングサービス」というのが、独立起業した会社の名前なんですか？」

妻　　　「はい……法人は設立していないので、単なる肩書きというか、屋号なんですが。」

執行官　「お仕事は、どちらで？　ここが事務所ではないのですか？」

妻　　　「起業当初はここを事務所代わりにしていましたが、今は別の場所に事務所を賃貸しています。たまに郵便物が届くので、まだ会社の名前をポストに貼ってあるのですが……」

執行官　「わかりました。今後この家は、執行官が保管することになりますが、これまでどおりに使用することができます。その内容が書かれた紙を貼って帰りますが、剥がした場合には刑罰に処せられますので注意してください。」

補助業者　「……この辺でよろしいですか？」
（養生テープで、台所の壁に公示書を貼り付ける）

執行官　「それでは、ここにお名前を書いてください。あと、印鑑をお願いします。……代理人の先生もお願いします。」

執行官　「それでは、これで終わりました。」
（奥さんに対して）

中　西　「あっ、私、債権者代理人の中西です。今、執行官から話があったとおり、このままでは、最終的には無理矢理荷物を運び出して、この家を明け渡していただくということになりかねません。しかも、その費用はすべて乙川さんに請求することになります。もし、早めに転居していただけるのであれば、滞っている賃料の支払方法についてはご相談に応じる余地があります。まずはご主人とよく相談して、私宛にご連絡いただけますでしょうか？　事務所の電話番号は、お渡しした名刺に書いてありますので……。」

1．仮処分執行当日までの準備

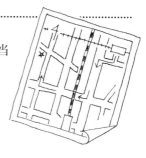

　執行日が決まったら、依頼者や、物件を管理する管理会社の担当者と連絡をとり、現地での待合せ方法や、合鍵を持参してもらうこと等を連絡します。あわせて、占有状況に変化がないか、車は駐車してあるか等についても確認しておきましょう。また、当日迷わないように、物件の所在地や、現地までの道順などをよく確認しておきます。

第3章　保全処分

2．執行当日

(1) 執行官や立会証人とは、現地で待ち合わせることが通常です。待合せの目印になりますので、弁護士バッジを携帯するとよいでしょう。債務者等に連絡先を伝えるために名刺も持参します。また、仮処分執行後は、執行調書に署名押印しますので、筆記用具と職印を忘れないようにします。

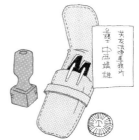

(2) 執行官は、一日に何件かの現場を掛け持ちすることが通常であるため、前の現場が終了するとそのまま次の現場に向かいます。そのため、予定した待合せ時刻よりも早めに現場に到着することが少なくありません。執行官を待たせることがないように、現場には、予定時刻よりも早めに到着するように心掛けましょう。

(3) 占有移転禁止の仮処分の執行の際、執行補助業者及び解錠技術者を同行する必要性があることについては、本書7章のとおりです。

3．執行への立会い

(1) 占有移転禁止の仮処分の執行手続自体は、終始執行官が主導して進められますので、債権者代理人が積極的に果たすべき役割はありません。

(2) なお、不動産の占有移転禁止の仮処分の執行は、不動産明渡の強制執行（民執168条3項）と異なり、法律上債権者またはその代理人が立ち会う必要はありません（言い換えると、法律上立会いの権利は認められていません）。

実務上は、執行官が債務者やその関係者（以下「債務者等」といいます）から許可を得て債権者代理人を対象不動産に入室させることが通常ですが、債務者等の許可を得られない場合等には、執行官の指示により立会いを辞すべき場合がありますので注意してください。

債務者等が不在の場合にも、執行官から事実上入室を許されることがありますが、そのような場合でも仮処分調書には「債権者代理人は執行場所へ立ち入らなかった。」などと記載されることが通常です。

(3) 仮処分の執行時には、債務者等と直接体面する可能性があります。予期せぬトラブルを防ぐという観点からも、服装や言葉遣い等には十分配慮してください。また、物品を毀損した場合には損害賠償の責を負う可能性がありますので、債務者等が在室しているか否かにかかわらず、室内では不用意に家具や備品に手を触れないように注意してください。

(4) 債務者等が在室していた場合には、債権者代理人として、債務者等と直接接触できる貴重な機会ですので、立会いの機会を利用して積極的に話をするようにします。執行官の話が一段落したタイミングで債務者等に話しかけるとよいでしょう。

債務者の中には、仮処分の執行後、何ら連絡せずに「夜逃げ」してしまう者もいます。

そのような事態を招くと、残置物の処理等に煩雑な手続を要することになりますので、債務者にとっても、任意に退去した方がメリットが大きいことを丁寧に説明します。事前に依頼者の承諾を得ている場合には、明渡期限の猶予や、延滞賃料の支払猶予（または免除）の可能性などにも言及すると効果的です。

債務者からの連絡を促すために、名刺を渡すなどの方法で事務所の連絡先を教えるようにします。また、こちらからも連絡がとれるように、可能であれば、携帯電話その他の連絡先を教えてもらうように努めましょう。

(5) 債務者等が不在だった場合には、執行官が郵便受けや表札の表示、室内の郵便物に記載された宛名等に基づいて占有者を認定します。郵便物や公共料金の請求書など占有者の特定につながる資料が目についた場合には、執行官や補助業者に声を掛けるとよいでしょう。

(6) 対象不動産の占有者を認定し、公示書を貼付すると執行が終了します（執行不能の場合には、執行官が執行不能であることを認定して終了します）。所要時間は通常 10 分〜15 分程度です。

執行の終了時に、仮処分調書に署名押印を求められますので、署名欄に「債権者代理人　弁護士○○○○」と記入して、職印を押印します。その後、立会証人や解錠技術者（技術者が解錠した場合）も署名しますので、そのスペースも考慮して署名します。

(7) 駐車場に対する占有移転禁止の仮処分を執行する場合には、屋外に公示書を貼付することが一般的です。駐車場の舗装状態等に応じて、ラミネート加工した公示書を耐候性・耐水性のあるテープでブロック塀や駐車区画に貼付したり、地面に立て札を打ち付けて公示書を貼付したりする方法を取ります。貼付の方法は、現場で執行補助業者が工夫してくれますが、円滑に執行できるように、事前に駐車場の状況について情報を集めておきましょう。

4．仮処分調書の送付

占有移転禁止の仮処分の執行終了後、数日すると、執行官から仮処分調書の謄本が郵送されてきます。本訴提起移行以後の手続に必要ですので大切に保管してください。

【仮処分調書の記載例】

		平成２８年（執ハ）第○○号
\multicolumn{3}{c}{仮　処　分　調　書}		
執行に着手した日時	平成２８年７月○日	㊤午前 午後　○時　○分
執行を終了した日時		㊤午前 午後　○時　△分
執　行　の　場　所	東京都　千代田区霞が関１丁目１番３号 かすみマンション４０１号	
執　行　の　目　的　物	別紙目録記載のとおり	
執行に立ち会った者	☑債権者　（☑代理人）　中西　靖雄 □債務者　☑在室者　乙川　智子 ☑立会人　　　　　　○山　○子	
\multicolumn{3}{c}{執　行　の　内　容}		

1　目的物の現況、占有状態等は別紙調査表のとおり。
2　目的物に対する、債務者　の占有を解いて執行官の保管とした。
　　債務者に使用を許した。
3　本調書に添付の公示書写しと同文の公示書を目的物の　玄関を入った左側壁面
　　に貼付した。
4　在室者に対し、仮処分物件の処分、仮処分の公示書の損壊等の行為をした場合、法
　　律上の制裁があることを下記の方法により告知した。
　　　　　　　　　　　　　　　　　記
　　　㊂　口頭（乙川智子）
　　　ロ　公示書
　　　㊆　公示書に並記かつ本調書を送付
5　特記事項
　　（１）債務者方の不在及び施錠に備え、立会人及び解錠技術者を同行した。
　　（２）債権者代理人は、在室者の了承を得て執行場所に立ち入った。

当事者の表示等　　別紙のとおり	
執行に立ち会った者等の署名押印	債権者代理人　　中西　靖雄 ㊞ 立会人　　　　　○山　○子 ㊞

平成28年7月　日

　　東京地方裁判所

　　　　執　行　官　　　大　関　　○　○ ㊞

占有関係等調査表

物件番号	債務者	調査の結果		
		物件の状況	占有範囲	占有者
	乙川　太郎	☑居宅 □事務所	☑全部 □	☑左記占有者 □

（参考事項）
- □　　郵便受けの表示（　　　　　　　　）
- ☑　　債務者宛の郵便物（ＮＴＴファイナンス、三井住友信託銀行）
- □　　債務者宛の税金納付関係書類
- □　　債務者（☑方在室者　乙川智子，□会社代表者，　□　　　　　　）の陳述
- ☑　　債権者（代理人）の陳述，　☑　債務名義の存在
- □　　一件記録の資料

　及び現場の状況等を総合勘案して上記のとおり認定した。
　なお、郵便受けには「乙川クラウディングサービス」といった記載が見受けられたが、同宛の郵便物や作成書類などは、郵便受け及び室内ともに見られなかったので、占有者とは認定しなかった。

9 予期せぬ占有者が現われた場合

1．占有移転禁止の仮処分が執行不能となる場合

(1) 占有移転禁止の仮処分の執行において、執行官は、誰が対象不動産の占有者であるかを認定します。仮処分の申立書に記載した債務者の占有が認定されれば、当事者恒定効により、当該債務者に対する債務名義を得ることで、強制執行が可能となります。

　執行官が占有認定を行うにあたっては、対象不動産に在室者がいる場合には、当該在室者に対して、必要な事項について質問したり、契約書や公共料金の領収書等の資料の提出を求めたりすることができます（民保52条1項、民執168条2項）。虚偽の陳述をしたり、文書の提示を拒んだりした者には罰則もあります（民執205条1項3号）。

(2) 一方、仮処分を執行したところ、申立書記載の債務者の占有を認定することができない場合や、債務者以外の第三者の占有が認定される場合もあります。

　たとえば、対象不動産が店舗や事務所等の営業用物件の場合には、一見すると従前通りに営業が続いているように見えても、実はまったく別の事業主が、店舗を「居抜き」で引き継いで新たな営業を始めていたなどという例が珍しくありません。また、個人住宅がシェアハウスとして利用されており、債務者以外の同居人が、対象不動産の一部を占有しているなどという例も考えられます。

(3) 上記の店舗の例のように、対象不動産について債務者の占有が全く認められない場合には、占有移転禁止の仮処分は執行不能となります。シェアハウスの例のように、対象不動産の一部分について債務者以外の第三者の占有が認定された場合には、仮処分の執行は一部不能となります。

　執行不能の場合には、執行不能調書が作成されます。仮処分が一部不能だった場合には、仮処分調書に一部不能である旨が記載されます。

2．再度の申立て・追加の申立て

(1) 仮処分が執行不能に終わった場合、執行不能調書の中に、たとえば「在室者○○の陳述要旨　この部屋は、私が事務所として使用しています。」という記載や、「本件建物の占有について　書類等の疎明資料が提出された範囲では、本件建物は○○が占有するものであることを否定できない。」という記載など、債務者の占有を認定できなかった理由が記載されます。

　そこで、債権者が所期の目的（当事者恒定効）を達成し、円滑に建物明渡の強制執行を実施するためには、このような執行不能調書の記載を手掛かりに、占有者が誰であるかを判断し、当該占有者に対し、再度、占有移転禁止の仮処分を申し立てる必要があります。

(2) 仮処分が一部不能だった場合には、仮処分調書に「占有関係等調査表」が添付され、ここに占有認定の内容や理由が詳しく記載されます。

そこで、建物明渡の強制執行を実施するためには、占有関係等調査表の記載を手掛かりに、誰が、対象不動産のどの部分を占有しているのかを判断し、当該占有者に対する占有移転禁止の仮処分を追加申立する必要があります。

(3) なお、実務上は、表札や郵便物の宛名には特定人の表示が認められるものの、実際には誰が対象不動産を占有しているのか判別できない、あるいは表札等に表示されている者以外の第三者が占有している疑いが強いという事案がしばしば見受けられます。

そのような事案では、執行不能となる可能性を想定しつつ、あえて表札等に表示された者を債務者として占有移転禁止の仮処分を申し立てるという方法を用いることがあります。仮処分を執行すれば、たとえ執行不能に終わった場合であっても、占有者を特定するための情報を得ることができますので、改めて占有者を特定して再度の仮処分申立てを行えば、所期の目的を達することが可能になります。

3．債務者を特定しない占有移転禁止の仮処分

(1) 前記の事案とは異なり、表札等の表示が一切確認できない場合など事前調査を尽くしても占有者が誰であるかまったく判明しない事案や、執行妨害の方法として占有者が次々と入れ替わっている事案については、債務者を特定しないで行う占有移転禁止の仮処分を申し立てることが可能です（民保25条の2）。

(2) 債務者を特定しない占有移転禁止の仮処分を申し立てるためには、「執行前に債務者を特定することを困難とする特別の事情」を（疎明ではなく）証明する必要があります。

具体的には、対象不動産の外観、表札、外部から見える郵便物の宛名、電気メーターの動きなど一般的な現地調査で確認すべき事項に加えて、近隣住民や管理人、さらには占有者本人に対する聞取り調査等を行い、そのような調査によっても占有者が誰であるか判明しない（名前を名乗らない）ことを、報告書等にまとめる必要があります。執行妨害的な事案では、不特定の人物が対象不動産に出入りしている様子を写真撮影することも有効です。

対象不動産について従前申し立てた占有移転禁止の仮処分が、占有者を特定できない、または占有状況が流動的である等の理由で執行不能になった場合には、それらの理由が記載された執行不能調書によって、上記「特別の事情」を証明することができます。

(3) 執行官は、債務者を特定しない占有移転禁止の仮処分の執行に際して、占有者の特定を行います。具体的には、執行の際に、執行官が対象不動産の占有を解いた（その旨を命じた）者が当該仮処分の債務者となります（民保25条の2第2項）。不動産に貼付する公示書には、特定された債務者の氏名が記載されます。

(4) 執行官が、債務者を特定しない占有移転禁止の仮処分を執行すると、仮処分調書の末尾に、「債務者の特定　本件仮処分執行時における目的不動産の占有者を以下の者と特定した。　氏名○○○○　住所○○○○」などと記載されます。また、占有関係調査表

には、占有認定の理由が記載されます。
　あわせて執行官は、占有認定された債務者の住所氏名を発令裁判所に届け出ることになっています（民保規則44条の2）。
(5) 債権者は、仮処分の執行によって特定された占有者を被告として本訴で債務名義を得れば、建物明渡の強制執行をすることが可能になります。

【執行不能調書の記載例】

		平成28年（執ハ）第○○号
執　行　不　能　調　書		
執行に着手した日時	平成28年7月○日	(午前)・午後　○時　○分
執行を終了した日時		(午前)・午後　○時　△分
執　行　の　場　所	東京都　千代田区霞が関1丁目1番3号 かすみマンション401号	
執　行　の　目　的　物	別紙目録記載のとおり	
執行に立ち会った者	☑債権者　　（☑代理人）　　中西　靖雄 □債務者　　□在室者 ☑立会人　　　　　　　　○山　○子	
執　行　の　内　容		

1　占有関係
　(1) 執行の目的物は別紙目録記載の建物であるが、債務者名を表示する表札はなく、郵便受けには「Ｙクラウディングサービス」宛の郵便物（公共料金関係書類（電気、ガス）、請求書（○×システム開発㈱））が入っていた。
　(2) 郵便受けには「Ｙクラウディングサービス」の表示とともに債務者の氏名も表示されていたが、建物入口扉の表札には「Ｙクラウディングサービス」とのみ記載されていた。
　(3) 近隣者から聴取したところ、「本件建物は専ら事務所として使用されているようであり、深夜は人が在室している様子がありません。」とのことであった。
　(4) 上記(1)～(3)の事実から、本件建物は債務者ではなく、Ｙクラウディングサービスが使用占有しているものと認められ、債務者の占有が認定できなかった。

2　執行の内容
　目的物は債務者の占有に属すると認めることができなかったため、執行することができなかった。

3　特記事項
　(1) 債務者方は不在で、施錠されていたので、立会人を立ち会わせ、債権者側が用意した鍵を使用して執行した。
　(2) 債務者方は不在だったため、債権者代理人は建物内へは立ち入らなかった。

第4章
任意交渉

1 交渉に入る前の打合せ

1．依頼者との打合せ

　乙川さんに解除催告を送ってから1週間後、甲山さんとの打合せの日です。マンションの明渡を実現するために、今後の見通しについて説明をして基本的な方向性を相談することになっています。

甲山　「中西先生、先日の解除通知はきちんと届いたのですか？」
中西　「ええ、送った翌日には乙川さんが受けとってます。乙川さんの妻と名乗る人から私に電話が入ったので、今日は甲山さんにと打合せをしたいんです」
甲山　「妻？独り身だと聞いてましたけど。確かに、子連れの女性の姿は見かけましたが。」
中西　「真偽はともかく、向こうから連絡があったことの意味は大きいです。家賃を払っていないことは妻も知らなかったようで、乙川さん自身から必ず連絡させるといってきました」
甲山　「そうすると、話し合いでなにか解決できる可能性もあるのでしょうか？」
中西　「ちゃんと乙川さん本人から連絡がきてからでないとなんともいえませんけど、話し合いで済むなら、裁判手続をとって強制執行までかけてということよりも甲山さんにとってのメリットも大きいですから」
甲山　「メリットですか？」
中西　「自主的に引っ越してくれるなら、費用も時間も少なくて済むかもしれませんね」

　解除通知を受けて、何らかの反応が賃借人からあったならば、それを糸口として任意の話し合いで解決できる可能性を模索するべきです。任意交渉には話し合いさえまとまれば短期間に費用もかからずに解決する可能性が高いというメリットもあります（⇒第2章4（18頁）参照）。

　賃借人が完全に無視を決め込んでいる、開き直ったり逆ギレしていてとりつく島もない、などの場合でなければ、まずは話し合いでの解決を試みることを検討します。ただし「話し合い＝互譲」ですので、相手方との交渉に入る前に、ある程度の方向性や妥協の幅を依頼者と打合せをして決めておくことが必要になります。

2. 妥協・譲歩の必要性とリスクは説明をする

> **中西**「まずは甲山さんに検討してもらいたいことがあるんです。」
> **甲山**「なんでしょう？」
> **中西**「これから乙川さんとの交渉をすることになれば、こちらもある程度の譲歩をしないと話し合いはまとまりません」
> **甲山**「譲歩ですか!? 賃料を滞納しているのは乙川なのに、なんで私が譲歩をする必要があるんですか。」
> **中西**「無理にとはいいません。一切譲歩するつもりがないのであれば最初から裁判手続に進めますから。ただ、うまくいけば任意の交渉の方が早く決着がつきます。譲歩というよりも、費用と時間を少なくするための『経費』という感覚で考えてみてください。」
> **甲山**「たしかに、お金ばっかりかかって、いつまでも出て行かせられないことを考えれば、さっさと乙川を追い出せる方が気分的にもありがたいですけどね。」
> **中西**「なので、どこまでだったら妥協できるか、だいたいの目安を今日ご相談できればと思っているんです。」

　依頼者の中には「譲歩」という言葉を知らないような人もいますが、任意交渉が成功した場合のメリットをよく説明して、予め妥協の限度枠をもらうようにします。

　他方で、任意交渉が常に成功するとは限りませんので、リスクの説明も必要です。どうしてもお互いの譲歩の幅が詰まらずに交渉が決裂することもあります。中には、話し合いを逆手にとって、立退きまでの時間を稼ごうと画策する賃借人もいます。明渡合意に至らなければ、それまでの間の時間は結果的に無駄になってしまいます。何か月もかけて交渉をしたのに実らず、裁判手続に移らざるをえなくなった場合、依頼者が「それなら最初から裁判にしてくれれば良かったのに」「弁護士として交渉能力が低いからではないか」などと不満・クレームを出してくることもあります。そうならないためにも、打合せの中でリスクの説明もきちんとしておき、不要に甘い見通しを述べない（安易な期待を持たせることはさせない）ことも意識しておく必要があります。

　任意交渉が成功するかどうかの見極めは、経験を積まないとうまくできないものです。しかし「やったことがないからわからない」では、弁護士としてのスキルも上がりません。要は、功を奏しなかったときでも依頼者が納得をしてさえくれればいいのですから、打合せの中では丁寧に説明を尽くすことを心掛けるようにします。

3. 交渉のための「枠」をもらっておく

> **甲山**　「中西先生、裁判を起こしたら判決までどれくらいかかりそうなのですか？」
> **中西**　「乙川さんの態度次第ですが、一般的には訴訟の準備から申立て、審理、そして判決まで、半年くらいはみてもいてもらった方がいいです。何か争われたらもっと延びることもあります。」
> **甲山**　「そうですか…、なら、今から3か月程度で退去してもらえるなら裁判するよりもメリットが大きいというところですね。」
> **中西**　「明渡の猶予期間もそうですが、交渉としては滞納している賃料の免除という方が材料としては使いやすいところもあります。」
> **甲山**　「それはそうでしょうね、ここまで家賃を滞納しているんだ、どうせ乙川は滞納賃料なんか支払えるような状況ではないでしょう。」
> **中西**　「連帯保証人がどの程度支払える能力をもっているかにもよりますが、多くの場合はかなりの額は免除するから早く引っ越せ、という交渉になりますからね。」

　調停も裁判上の和解も、そして任意交渉も、要は互譲の話し合いです。少しでも早く明渡を実現する代わりに、賃貸人も相応の譲歩を提示しなければ交渉にはなりません。基本的には「いつまで明渡を猶予できるか」、「いくらまでなら滞納賃料などを減額できるか」になります。

　賃貸人は、不動産収益事業を営む事業主なのですから、保有する資産（賃貸物件）がきちんと収益を生み出すことができるようにして初めて事業が成り立つものです。そして事業は「そろばん勘定」だといえますから、乙川さんという具体的な賃借人に対してどこまで譲歩しても損にならずにすむのかの損得勘定をしてもらうことが必要になります。

　そのために、決着までにかかるであろう期間や費用などもなるべく正確に説明をし、譲歩枠を出してもらうようにします。

　この譲歩枠の中であれば、逐一、依頼者と協議をしなくても柔軟な交渉をすることができるようになり、弁護士としても相手方との交渉が楽になります。交渉を進めていく中で、妥協点が変わってくることはいくらでもありますが、スタートの段階である程度の枠をもらっておくようにしましょう（⇒「3. 妥協点の見いだし方」参照）。

　また、「いつまでなら任意交渉を続けるか」という打切り時までの時間枠もあわせてよく打合せをして決めておくことも必要になってきます。

2 交渉のありかた

1. 任意交渉の意味合いと目的

　賃借人が賃料滞納（債務不履行）になっている以上、わざわざ任意の交渉などを経ずに、早々に訴訟提起をして決着を図るほうがよいと考えるかもしれません。確かに事案によっては、任意交渉が時間の浪費に終わってしまうこともあります（第2章5.参照）。

　建物明渡にかかわらず、紛争解決においては時間と費用が結果の確実性と往々にして相反することがあります。任意交渉の大きなメリットは「うまくいけば」訴訟よりも短期間に、費用をかけずに明渡の成果が得られる可能性があるところにあります。そして、このメリットがそのままデメリットという裏表の関係でもあります。見極めを誤ると、ずるずると時間だけが浪費され、結果的に被害（滞納額）だけが拡大するということも起こりえます。任意交渉を積極的に進めるのがよいのか、形だけ任意の話をしてすぐに訴訟などに切り替えるのがよいのかの見極めは重要です（第2章4.参照）。

　債務不履行（賃料滞納）を賃借人が自覚していて、賃借権の存否（解除の有効性）には争いがない事案では、訴訟手続などを経ることなく任意での明渡が実現できる可能性が高いことが多いです。特に、賃借人から「具体的な」希望（今月の家賃の支払をしなくてよければ引越代も出せるからなんとか目をつむってほしいなど）が出ている場合には任意の交渉が解決のために有効的だといえます（⇒3.「妥協点の見いだし方」参照）。

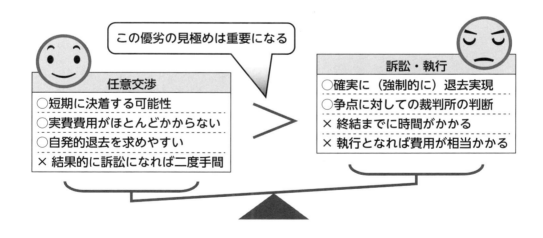

2. 任意交渉に臨む基本的な姿勢

　賃借人の希望を上手に取り込む（その分を賃貸人には譲歩してもらう）ことで、賃借人が退去しやすい環境を作っていく（外堀を埋めて退去以外の選択肢を削り取る）ことが交渉の基本となります。賃借人のため人によっては、「話し合いがつかないなら、裁判をするので強制的に出て行ってもらう」というプレッシャーを掛けることで、「なんとかならないか？」と躊躇している賃借人の背中を押すこともします（やり方いかんでは強要にも

なるので注意が必要です）。プレッシャーをかけるという意味では、連帯保証人を介して、賃借人本人を説得させることが予想以上に効果的なケースもあります。

それでも折り合いがつかない（賃借人が言葉と裏腹に退去する意思がなく引き延ばしを図っている）、そもそも話し合いの余地がない（交渉のテーブルに賃借人がつかない）というときは、訴訟手続に直ちに切り替えることになります。

3. 任意交渉の基本的な進め方

任意の交渉であっても、必ず、解除通知（催告）は内容証明郵便（配達証明付）で賃借人に送達するなど、後々に裁判手続に以降してしまった場合を念頭に置いた手続をとっておくことは必要です。

しかし、基本となる催告通知などを押さえておけば、そこから先は書面ではなく口頭ベースでのやりとりを積極的に進めるようにします。「返事を1週間以内に書面でよこせ」とするよりも、「とにかく話し合いをしましょう。一度事務所に来てください（一度お伺いします）」という姿勢でないと、賃借人は話し合いのテーブルにすら乗ってこなくなります。また、直接に顔をつきあわせてやりとりをすることで、賃貸人には見えていなかった賃借人の本音や事情が明らかになることが往々にしてあります。交渉は、ある意味では相互の信頼関係が基礎になければ成り立ちません。賃借人に胸襟を開かせることは重要ですし、そのためには賃借人のあらゆる事情を可能な限り把握しておくことが有益です。

弁護士は、依頼者を背負っていますから、安易な妥協をするわけにはいきません。賃借人の言いなりでは交渉とはいえません。しかし、任意交渉は柔軟に対応するところに訴訟とは違った利点があります。その利点を活かすためにも、飲めないところは拒否しながらも、賃借人の希望を少しでも多く受け入れることで、結果的に早期の解決を勝ち取るということが大事です。

賃借人との間で、一定の合意を見いだせたときは、賃借人の気が変わらないうちに合意書面の締結に進みます。書面化することで、賃借人も覚悟を決めることになります。合意書面そのものが、もし裁判にまでもつれてしまったときの最大の証拠資料（請求の根拠）にもなります（合意書面は4.「明渡合意」参照）。

 # 妥協点の見いだし方

1. 任意交渉〜相互の妥協に向けての依頼者との準備作業

いうまでもありませんが、任意交渉は一方的な立退要求とは異なりますので、ある程度の賃借人の希望も受け入れた上で決着をはかる作業になります。賃貸人が最初からなにも

妥協するつもりがないなら、任意の交渉を進める意味合いはほとんどありません。

任意交渉では、賃貸人、賃借人双方の妥協の中で合意を目指しますので、交渉に入る前に賃貸人（依頼者）から、一定の許容限度（妥協枠）をもらっておくことが有用です。その枠の中であれば一任するという了解を得ておくことで、賃借人との交渉も、逐一依頼者との打合せなどをすることなく、柔軟かつスピーディに行うことが期待できるようになります。もっとも、一任された場合であっても、最終合意前には必ず依頼者（賃貸人）に合意内容の確認と了解を得る手順は踏むようにします。

依頼者（賃貸人）が、譲歩の「相場観」がわからないケースも多々あります。滞納賃料等の減免や長期分割払いは当然のように出てきますが、明渡猶予期間であったり、引越代などの追銭の是非などは、事案に応じた妥協の幅をある程度提示することも必要になります。

賃貸人によっては「そんな条件では飲めない」と後から違うことを言い出す人もいます。折角の交渉が水の泡になってしまうと、代理人となった自分自身の信用にも関わってしまいます。許容限度枠については、トラブルを防ぐためにも何らかの書面で残しておく（Faxや手紙などのやりとりの中で記録化しておく）ことは忘れないようにします。

【予め賃貸人から了解を得ておくべき基本的な許容限度】

	基本的な検討項目
明渡時期	☐ いつまでなら即断で合意していいのか ☐ どれだけの期間を超えそうなときは交渉を打ち切って訴訟に向かうのか
債権回収	☐ 滞納賃料・退去までの賃料相当損害金の減免の可否及び限度 ☐ 滞納賃料の支払についての条件（分割条件） ☐ 原状回復費用などの免除の有無 ☐ 引越代などの負担の是非及び限度
その他	☐ 連帯保証人の取扱い（あわせて滞納賃料の免除をするか等） ☐ 室内残置物の処理（費用の負担） ☐ 賃借人の移転先の探索に協力するか（不動産会社の紹介等）

2. 具体的な妥協点

どこまで賃貸人に妥協をさせるべきか、どこから先は譲歩をしないのか、はまさにケースバイケースになるため、客観的な基準はありません。交渉事は経験がものをいうと言われるのもそのためです。しかし、よくある検討項目は念頭に置いておくことが有益です。

(1) 明渡時期（明渡猶予期間）

全く争う余地のない長期滞納事案などでも、強制執行（断行）に至ればどれだけ短くて

も訴訟提起から4か月程度はかかります（第2章5参照）。それよりもさらに短い期間で明渡が実現するならば任意交渉で決着をはかる意味は大きいといえます。

　賃借人の明渡に要する期間（物件探し、契約、引越・入居）がかかりますので、「今月末に退去しろ」という条件では現実問題として実現は厳しいでしょう。また、賃借人が、明け渡す意思はあるが、移転するにできない事情を抱えている場合もあります。他方で、賃貸人にも、明渡を急がなければならない事情がある場合もあります。これらの事情を総合的に考慮しながら、明渡猶予期間をどの程度にするのか（どの程度に設定すれば現実の明渡を実現できそうか）を検討し、交渉をすることになります。

【期間を短くする必要を生ずる事情】

- 次の入居者のあてが既についてしまっている
- 賃貸物件の売却が進められていて契約・決済が迫っている（※賃借権を失い不法占拠状態の賃借人を買主に承継させることが売買契約の債務不履行事由にされうる）
- 年度がまたがると滞納賃料の未収金計上による税金負担が余計にかかる（※決算期内であれば損金計上して税負担を軽減できる）
- 長期滞納でかつ不良入居者であるなど、賃貸人による明渡要望が極めて強い

【期間を延ばすことを検討することになる事情】

- 賃借人に明け渡す意思はあるが資金を貯めるのに時間を要する（※引越代を賃貸人が持つことで解消できる）
- 賃借人（やその家族）が病気療養・入院中など
- 賃借人の子どもの受験・就職を控えている時期なので落ち着くまで待ってほしいと懇願されている（※直前に移転時期を設定することで子どもが受験や就職に失敗したなどと逆恨みされる反面、その時期まで猶予することで恩を売って大人しく退去させる心境に持ち込めることがある）
- 他の貸室も長期間空室になっていてすぐには入居者がつきそうもない

(2) 滞納賃料の分割払い

　可能な限り滞納賃料の回収を図るためには、賃借人の現実の支払能力に見合った分割払いを取り入れることも検討します。しかし、多くの場合、分割払いは途中で滞る危険があります。特に建物明渡の事案では、引越をしてしまえばもはや賃借人には「追い出される」という状況（不安）もなくなり、移転先での賃料支払を優先させるのが常であるので最終回までの回収にこぎつけられる方が珍しいともいえます。そのリスクは依頼者にも十分に説明をしておくことが必要です。

　滞納金額（賃借人の返済可能な月額）にもよりますが、3年を超えるような長期分割は最初からあてにならないと考えておく方が無難かもしれません。

　分割払いの場合は、必ず期限の利益喪失規定を入れることを忘れないようにします。

第4章　任意交渉

(3) 滞納賃料の減免

　滞納賃料の全額回収を実現するのは容易ではありません。賃借人がサラリーマンで勤務先がわかっているような場合であれば（判決を得て）給与の差押えなどもできます。しかし、自営業者などの場合には取引先もわからない、銀行口座（預金先）もわからないなどで、差押え対象がみつからなければどうしようもなくなります。

　そのようなリスクの中で、少しでも回収をはかるためには「飴と鞭」を用いることで、賃借人の自発的な弁済意欲を引き出すしかないともいえます。具体的には、(2)の分割払いと、滞納賃料やその他の債務の一部免除を組み合わせる支払条件を設定することを検討します（裁判上の和解でも同様・⇒第5章9（140頁）参照）。

　今回の事案では乙川さんには77万円の滞納賃料と、退去に伴う原状回復費用があり、これらと敷金との差引相殺後の残額について甲山さんとの間でどのような折り合いをつけることができるかを交渉の中で模索することになります。たとえばですが、次のような返済合意ができるかもしれません（⇒具体的な条項は88頁「明渡合意書」を参照）。

---

①滞納賃料77万円、明渡完了までの損害金40万円及び原状回復費用23万円から預かり敷金20万円を控除した残額120万円及び77万円に対する遅延損害金についての支払義務があることを乙川は認める。
②120万円を13回に分割して支払うこととし、最初12回は毎月末日限り5万円ずつ最終回（13回目）は60万円及び遅延損害金を支払う。
③乙川が分割金の支払を2回分（10万円）怠ったときは期限の利益を喪失して、120万円及び遅延損害金から既払分を控除した残額を直ちに支払う。
④乙川が期限の利益を喪失することなく12回目までの分割金（60万円）を支払ったときは、甲山は残りの支払金債務を免除する。

---

(4) 原状回復費用の減免

　賃貸借契約では賃借人には賃貸物件の原状回復義務がありますから、明渡に際しては建物内の動産造作類を撤去し、善管注意義務に違反した破損・汚損等は修繕する義務を負います（特約で自然損耗・経年劣化の修繕やハウスクリーニング費用についてまで賃借人負担とする契約もありますが、これらについてはその有効性を争われることもあるので、この本ではそこは取り上げないこととします）。

　しかし、賃料を滞納して契約を解除された賃借人からは、原状回復費用どころか滞納賃料ですら回収できる見込みが薄いのですから、余程の事情がない限り、原状回復費用まで支払をさせる合意ができるとは期待しない方が無難です。(2)の合意例のように、最初から免除予定にしておくことになるのが一般的な任意交渉での決着だといえます。

(5) 引越代などの負担

　賃借人を「円滑に、確実に」退去させるために、賃貸人が引越費用まで負担をしてあげるというケースもなくはありません。訴訟を経て強制執行まで実施することを考えれば、引越代を負担してやってでも早期に立ち退かせる方が経済的には得になるという判断をすることもなくはありません。

賃借人が明渡の意思をもっていて、最低限の誠意は見せている。しかし、賃借人は引越資金がどうしても確保できないから引っ越すに引っ越せない、というような状況であれば、賃貸人が自腹を切って引越代を負担してでも明渡を後押しする価値があるケースもあります。

　しかし、分割払いや減免と違って、賃貸人が自腹を切るという話しです。退去後は募集をかければすぐに新しい入居者も確保できる見込みがあるとか、建物を売却するのでなんとしてでも賃借人を退去させたい、などの事情があるときに限られる交渉材料だといえます。賃貸人からすれば泥棒に追銭という感覚になる負担ですから、債務不履行解除の場合には例外的な条件だと考えておく方が適切です。

(6) 残置物の撤去

　本来は賃借人の原状回復義務の履行ですが、明渡交渉の中では細部の条件だといえます。ものにもよりますが、撤去費用が高額になることも少ないので、所有権放棄の約定を取り付けて、あとは賃貸人が自分で確実に廃棄処分するなどできるようにしておくことがよく行われるものだといえます。

(7) 移転先の探索への協力

　引越先が確保できなければ明渡も実現できませんから、不動産屋さんに物件の紹介を依頼したくなります。しかし、賃料滞納で追い出された賃借人だとわかって入居させるオーナーがいようはずもありません。不動産屋さんも、それを隠して別のオーナーに入居の打診をするわけにもいかないでしょうから、原則として自力で物件を探させるべきです。

 明渡合意

1. 明渡合意の内容・条件

　賃借人との間での任意交渉が詰めの段階になったら、明渡合意書の作成に入ります。どのような条件になるのかはケースバイケースですが、最低限盛り込まなければならない事項は以下のものとなります。これを骨子として肉付けをしていくことになります。

【明渡合意書に盛り込む基本事項】
① 賃貸借契約の終了（解除）の確認（終了原因、終了日）
② 明渡期限の設定（明渡猶予）
③ 原状回復の有無（免除）
④ 明渡後の残置物の所有権放棄
⑤ 明渡遅滞の場合の違約

⑥ 解除日、明渡日までの滞納賃料・賃料相当損害金の確認
⑦ 滞納賃料・賃料相当損害金の支払方法及び減免
⑧ 分割払いの場合の期限の利益喪失

2. 合意内容形成の注意点

　任意の合意は強制力がないということを頭に置いておかなければいけません。賃借人が合意に反して出て行かなかったら、最後は明渡訴訟を提起せざるを得なくなります。そのような万一の場合も意識し、明渡合意書のみで裁判所が請求認容判決を書くことができるような内容にしておくようにします。

(1) 賃貸借契約の終了・明渡遅滞の場合の違約 ［①⑤］

　債務不履行解除なのか、合意解除（解約）なのか、解除の効力が生じた日はいつなのかは明確にしておきます。解除の効力が生じた日（＝賃貸借契約の終了日）以降は、入居者が負担するのは賃料ではなく賃料相当損害金となります。
　甲山さんと乙川さんの賃貸借契約では、賃料の延滞損害金は年10％、契約終了後明渡完了までの賃料相当損害金は賃料の倍額（1か月あたり20万円）となっていますから、解除日を境に請求できる金額が変わってきます。契約書の定めとことなる違約金を設定しても構いませんが、いずれにしても契約終了日（解除日）の確定は大事です。
　「賃料相当損害金」に「遅延損害金」は発生しません。解除後明渡完了までの間に請求できる賃料相当損害金は、名前のとおりそれ自体が「損害金」なのでさらに10％の遅延損害金を付加して請求することはできません。もし賃貸借契約において賃料相当損害金の額が賃料と同額になっているような場合には、明渡合意を遵守させるためにも、明渡期限を徒過した場合にはさらに重い違約金を設定しておくことも検討します。

(2) 明渡期限の設定（猶予） ［②］

　明渡予定日の設定の仕方として、「明渡予定日＝解除日（合意による解除日）」とする方法と「明渡予定日＝解除後の明渡猶予期間満了日」とする方法とがありますが、基本は後者にします。既に賃料滞納（債務不履行）になっている賃借人ですから、契約自体は速やかに終了させるべきです。

(3) 原状回復の有無と残置物の所有権放棄 ［③④］

　賃料滞納までしている賃借人ですから、いわゆる原状回復費用まで全額回収するのはもとより期待の外だと考えた方が無難です。最狭義の原状回復行為である賃借人の動産造作類の撤去ですら、完全に実行されるかは疑わしいのが通常です。
　任意交渉は「飴と鞭」で折り合いをつける手段ですから、原状回復については動産造作類を撤去する（引っ越しして持って行く）ことで足りるとし、もし残置物（引越先では不要のために持って行かないし、処分費がかかるので置きっ放しにされるものが少なくない。例：エアコン）があっても、その所有権を放棄させ、賃貸人が自由に撤去して廃棄処分できるようにします。それによって明渡も完了させることになります。
　ただし、あくまで任意交渉の中での譲歩なので、合意に反して退去せず、結果的に訴訟

になったようなときでも原状回復費用まで免除するのはバランスを欠きます。「明渡猶予期間満了日までに退去したときは（原状回復費用の負担を）免除する」などとすることも検討します。

(4) 滞納賃料等の確認 ［⑥］

滞納賃料をどうやって支払わせるか、どの程度免除するのか、の前提としてどれだけの滞納額（債務）があるのかの確認条項を入れるのは基本です。あわせて延滞損害金や解除後の賃料相当損害金などについても明確にしておくことで、訴訟になったときでも請求額の計算を容易にすることもできます。

(5) 滞納賃料等の支払方法・減免と分割払いの場合の期限の利益喪失 ［⑦⑧］

一括払いを期待するよしもないので、分割払いの合意をすることが多くなります。また、ある程度の減免という交換条件で円滑な明渡の実現が期待できるようにもなるので、一部免除の規定もいれます。きちんと約束通り支払をしてくれればいいですが、途中で支払が滞る可能性が高いので、必ず期限の利益喪失条項を入れるようにします。それによって遅滞させないプレッシャーを与えることにもなります。

【明渡合意書の記載例】

明渡合意書

賃貸人甲山巧美（以下「甲」という）と賃借人乙川太郎（以下「乙」という）及び連帯保証人乙川修（以下「丙」という）とは、甲乙間の別紙物件目録記載の建物及び駐車場（以下あわせて「本件建物等」という）の賃貸借契約（以下「本件賃貸借契約」という）の終了及び明渡につき以下のとおり合意する。

第1（契約の解除）
　甲と乙は、乙の賃料不払による債務不履行により、平成28年6月24日をもって本件賃貸借契約が解除されたことを確認する。

第2（明渡猶予）
　甲は乙に対し、本件建物等の明渡を平成28年8月31日まで猶予する。

第3（明渡）
　乙は甲に対し、前項の期限までに本件建物等を明け渡す。

第4（所有権放棄）
　乙が本件建物等の明渡をした後、本件建物等に残置している動産・造作類があるときは、乙はその所有権を放棄し、甲が廃棄その他の処分をすることにつき異議を述べない。

第5（原状回復）
　乙が第2項の期限限り本件建物等の明渡を完了し、かつ、第7項(1)による分割金の支払を期限の利益を喪失することなく完了したときは、甲は乙に対して、本件建物等の原状回復費用の支払及び前項による動産・造作類の処分費用の支払をいずれも免除する。

第6（債務確認）
　乙は甲に対し、以下の金員の支払義務があることを確認する。
　①本件賃貸借契約に基づく未払賃料として金74万4330円（平成27年12月分から平成

28年5月分及び平成27年6月については24日分の日割額の合計額）
　②①に対する年10％の割合による遅延損害金
　③平成28年6月25日から本件建物の明渡済まで月額20万円の割合による賃料相当損害金
第7（分割払い）
　乙は甲に対し、前項①ないし③の金員を以下のとおり分割して支払う。支払方法は甲の指定する金融機関口座（○○銀行霞ヶ関支店・普通預金口座・番号123456・名義：甲山巧美）への振込送金とし、送金手数料は乙の負担とする。
　⑴平成28年8月より平成29年5月まで毎月末日限り　　金5万円（計10回）
　⑵平成29年6月末日限り　金20万円（ただし、本件賃貸借契約により乙が甲に預託している敷金20万円をもって弁済充当するものとし、乙はこれに異議を述べない）
　⑶平成29年6月末日限り　金4万4330円及び前項②③の合計額
第8（期限の利益喪失）
　乙が前項⑴の支払を2回分怠ったときは、乙は期限の利益を喪失し、第6項①ないし③の金員から前項による支払済の金員を控除した残額を直ちに支払う。
第9（免除）
　乙が期限の利益を喪失することなく第7項⑴及び⑵の金員（合計70万円）の支払を完了したときは、甲は乙に対して、第7項⑶の金員の支払を免除する。
第10（連帯保証）
　丙は、本合意書による乙の甲に対する債務を連帯保証する。
第11（清算条項）
　甲、乙及び丙は、本合意書に定める他、本件賃貸借契約に関し、何らの債権債務がないことをそれぞれ確認する。

以上のとおり合意が成立したので、甲、乙及び丙は下記に署名押印する。

平成28年7月15日

　　甲（賃貸人）　東京都港区赤坂見附1丁目2番3号　弁護士ビル4階
　　　　　　　　　賃貸人甲山巧美代理人　　弁護士　中西　靖雄

　　乙（賃借人）　東京都千代田区霞が関1丁目1番3号かすみマンション401
　　　　　　　　　　　　　　乙川　太郎

　　丙（連帯保証人）埼玉県和光市和泉町2丁目3番8号
　　　　　　　　　　　　　　乙川　修

※物件目録は紙面の都合上記載を省略しています。
　記載は第5の2.「訴状」の記載例にある「物件目録」を参照してください。

5 即決和解（訴え提起前の和解）

1. 明渡の債務名義の取得～即決和解

　賃借人との任意の明渡合意書には何らの強制力がありません。万一賃借人が合意を反故にしたときは、改めて訴訟提起をせざるを得なくなります。公正証書で合意をしても、金銭債権以外は執行力を持ちませんので、建物明渡について強制力を持たせたいときは即決和解（訴え提起前の和解）ができないかを検討します。
　即決和解は訴訟提起することなく建物明渡についても強制執行を可能にしますが、この手続をとることができるケースは現実にはかなり限られてくるといえます。

【即決和解を実現するためのハードル】

① わざわざ裁判所まで出向いて和解をすることに賃借人が応じるか
② 申立てから1か月以上は先になる即決和解の期日と明渡期限の先後関係
③ 事前にすべての和解合意ができているか（裁判所は現実には勧告はしない）

2. 即決和解の具体的な手続

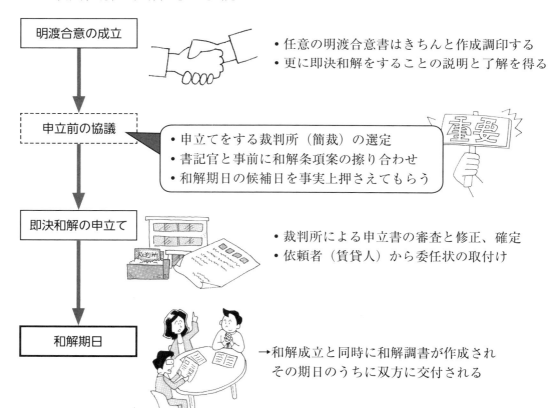

明渡合意の成立
- 任意の明渡合意書はきちんと作成調印する
- 更に即決和解をすることの説明と了解を得る

申立前の協議
- 申立てをする裁判所（簡裁）の選定
- 書記官と事前に和解条項案の擦り合わせ
- 和解期日の候補日を事実上押さえてもらう

即決和解の申立て
- 裁判所による申立書の審査と修正、確定
- 依頼者（賃貸人）から委任状の取付け

和解期日
→和解成立と同時に和解調書が作成され
　その期日のうちに双方に交付される

3. 即決和解の手続の注意点

(1) 裁判所の選定と期日

即決和解は申立てから1か月程度先の期日が指定されるとされていますが、実際には裁判所によって期日の入りやすさが違います。期日を設定できる曜日や担当する裁判官の取扱事件数などによって3か月以上先でないと期日が入らないようなことも珍しくありません。

申し立てる前に、電話で（事件受付ではなく）即決和解の担当部書記官に、いつなら期日が入りそうかを確認することが有用です。いくつかの簡易裁判所にあたってみて、一番早い期日が入りそうな裁判所を選ぶようにします。当事者の住所管轄を厳格に適用して「ここでは受理しない」と言われることもありますが、「管轄の裁判所ではどうしても明渡期限までに期日が入らない」などと頼み込むことで受け付けてくれることもあります。

望ましい期日が確保できそうならば、賃借人の都合も確認をした上で、いついつまでに申立書を提出するのでと伝えて「事実上」その期日を押さえてもらう交渉もします。

(2) 和解条項の事前調整

申立書には「和解条項（案）」をつけて申立てをしますが、相手方（賃借人）に送達されてからは、字句表記の修正にとどまり、内容の修正はほぼできないと考えておく必要があります（「(4) 委任状」を参照）。そのため、申立前に担当書記官と和解条項の擦り合わせを「事実上」行うように心掛けます。

特に、任意の立退合意書で定めた期限（立退期限、支払期限）の到来より前に和解期日がどうしても入らないときは、賃借人との間で合意内容そのものを変更することも必要になってきます。その調整（再合意）も踏まえた上で申立てをすることになりますので、事前調整は重要になります。

(3) 提出書類

即決和解は、当事者間に紛争があり、それを訴訟の前段階で和解により解決するという制度になっているため、申立書にも「争いの実情（紛争の経過）」を記載することが必要になります。その兼ね合いから、資格証明書（法人の場合）の他に、紛争の実情を明らかにするために必要となる書類の提出が求められます。これも申立前に書記官との事前調整で確認をしておくべきですが、基本的には以下の資料は提出するものだと思ってください。

> ☐ 建物の登記事項証明書（3か月以内に発行されたもの）
> ☐ 賃貸借契約書（原契約、更新契約などを含め最新の契約条件を明らかにするもの）
> ☐ 賃料の入金（滞納）状況が明らかになる書類（入金計算書や通帳類など）
> ☐ 催告書や解除通知書
> ☐ 明渡合意書

(4) 申立書

　形式面として、①申立書、②当事者目録、③和解条項（案）、④物件目録を重ねてホチキス止め（2箇所）し、各ページの上部余白に捨印を押印して提出します。正本と副本（相手方の数だけ）をあわせて提出します。

　申立書の書式は裁判所の窓口やHPでも入手できます。記載の仕方は「訴え提起前の和解申立書（例）」を参照してください。

(5) 委任状

　通常訴訟と最も異なるのが委任状です。普段用いている訴訟委任状をそのまま使うことはできません。和解条項案に記載されたとおりの和解をすること、という限定的な委任事項を記載する必要があります（96頁の「訴訟委任状」参照）。

　また、委任状に和解条項案を添付して割印もしてもらいます。和解条項案の各ページには捨印ももらいますが、これは原則として誤字・表記方法等の字句修正のためで、受任後に和解条項の内容を変更することはできないことになります。委任者（賃貸人）の押印も「実印」で「印鑑証明書」も貼附することが必要になります。賃貸人本人が同行する場合であっても同じですし、賃借人が誰か代理人を立てる場合（簡裁なので代理人許可申請が得られれば家族などは代理人になれます）も同様です。

　なお、相手方（賃借人）に代理人がつくことが予定されているときは、申立の時点で相手方の代理人まで記載した当事者目録を用意するように指示されることもあります。

(6) 和解期日への当事者の同行

　わざわざ弁護士が代理人として受任しているので、あえて当事者（賃貸人）を同行して出廷する必要はないと考えるかもしれませんが、念のため同行をお願いしておく方がよいでしょう。委任状にも添付している和解条項案に従った和解しかできないため、もし和解期日に突如として相手方（賃借人）が条件変更を申し出た場合に、当事者本人がいないと対応ができなくなります（和解不成立）。事前に賃借人とよく話し合って和解条項を確定させて突然の変更など申し出てこないようにしておくことは勿論ですが、不測の事態に備えておくに越したことはありません。

4．即決和解の手続費用

印紙（申立手数料）　　2,000円
※明渡1件ごとのため複数建物の明渡の場合はその数分加算

予納郵券　　　　　　相手方1名につき635円
※申立書の分量によって増加するので必ず書記官に確認をするようにします。

【和解申立書の記載例～訴え提起前の和解申立書】

訴え提起前の和解申立書

平成 28 年 7 月 21 日

東京簡易裁判所民事部 御中

申立人　甲山巧美

代理人弁護士　中西　靖雄　

事　件　名　建物明渡請求和解申立事件
当事者の表示　別紙当事者目録記載のとおり

請　求　の　趣　旨

申立人と相手方の間に別紙「和解条項（案）」記載の趣旨の和解を求める

請求の原因及び争いの実情

第 1　当事者
1．申立人は、別紙物件目録記載の建物及び駐車場（以下「本件建物等」という）につき、相手方乙川太郎（以下「相手方乙川」という）と後述の賃貸借契約（以下「本件賃貸借契約」という）を締結した賃貸人である。
2．相手方乙川は、申立人との間で本件建物等の賃貸借契約を締結した賃借人である。
3．相手方乙川修（以下「相手方修」という）は本件賃貸借契約につき、相手方乙川の連帯保証をした連帯保証人である。

第 2　紛争の経過
1．申立人は相手方乙川との間で、平成 23 年 3 月 15 日、本件建物等について下記の内容で賃貸借契約を締結し、同日引渡しをした。

記

(1)賃貸期間
　平成 23 年 3 月 15 日から平成 25 年 3 月 14 日
　平成 27 年 3 月 14 日更新により最終の賃貸期間は平成 27 年 3 月 15 日から平成 29 年 3 月 14 日
(2)賃料等
　賃料月額　10 万円（駐車場利用分を含む）
　共益費月額　1 万円
(3)特約
　①賃料等を 2 か月分以上滞納したときは催告なく解除できる
　②敷金として 20 万円を預託
　③賃料等の滞納の場合の遅延損害金は年 10％
　④契約解除後明渡完了までは賃料の 2 倍（月額 20 万円）の割合による損害金
2．相手方乙川は、平成 27 年 12 月分以降の賃料等の支払を滞納している。
3．申立人は相手方らに対して平成 28 年 6 月 15 日付催告書により滞納賃料の支払催告及び支払がなされないときは改めての催告を要することなく本件賃貸借契約を解除する旨の通

知を行い、当該催告書は同月 16 日に相手方らにいずれも到達した。
4. しかし、相手方らはその後も滞納賃料の支払をしなかったため、催告期間の経過である平成 28 年 6 月 23 日に本件賃貸借契約は解除された。

第 3 争いの実情
1. 申立人は、解除後に相手方乙川との間で本件建物の明渡を求めるとともに滞納賃料の支払を求める交渉を続けたが、相手方乙川は直ちに明渡をすることは困難であり、滞納賃料についても分割でなければ支払えないなどと申し出た。
2. 申立人は、相手方らとの協議を重ね、平成 28 年 8 月 31 日まで明渡を猶予するとともに、滞納賃料については月額 5 万円での分割払い及び一部を免除する内容を骨子とする合意が成立した。
3. そこで、別紙和解案に従っての和解を裁判所において相手方らに勧告して頂きたく、本申立に及んだ次第である。

添 付 書 類

1　不動産登記事項証明書　　　2 通
2　賃貸借契約書　　　　　　　3 通
3　催告書　　　　　　　　　　1 通
4　明渡合意書　　　　　　　　1 通
5　滞納賃料計算書　　　　　　1 通
6　訴訟委任状　　　　　　　　1 通

＜別紙＞：当事者目録
＜別紙＞：物件目録（図面 2 枚付）　※省略

<別紙>

和解条項（案）

1. 申立人と相手方らは、別紙物件目録記載の建物及び駐車場（以下「本件建物等」という）の平成23年3月15日付（平成26年3月15日更新）の賃貸借契約が平成28年6月24日をもって解除されたことを確認する。
2. 申立人は相手方乙川太郎（以下「相手方乙川」という）に対し、本件建物等の明渡を平成28年8月31日まで猶予する。
3. 相手方乙川は、申立人に対し、前項の期限までに本件建物等を明け渡す。
4. 相手方乙川が本件建物等の明渡をした後、本件建物等に残置している動産・造作類があるときは、相手方乙川はその所有権を放棄し、申立人が廃棄その他の処分をすることにつき異議を述べない。
5. 相手方乙川が第2項の期限限り本件建物等の明渡を完了し、かつ、第7項(1)による分割金の支払を期限の利益を喪失することなく完了したときは、申立人は相手方らに対して、本件建物等の原状回復費用の支払及び前項による動産・造作類の処分費用の支払をいずれも免除する。
6. 相手方らは、申立人に対し、以下の金員の支払義務があることを確認する。
   ①本件賃貸借契約に基づく未払賃料として金74万4330円（平成27年12月分から平成28年5月分及び平成28年6月については23日分の日割額の合計額）
   ②①に対する年10％の割合による遅延損害金
   ③平成28年6月24日から本件建物の明渡済まで月額20万円の割合による賃料相当損害金
7. 相手方らは連帯して、申立人に対し、前項①ないし③の金員を以下のとおり分割して支払う。支払方法は申立人の指定する金融機関口座（○○銀行霞ヶ関支店・普通預金口座・番号123456・名義：甲山巧美）への振込送金とし、送金手数料は乙の負担とする。
   (1)平成28年8月より平成29年4月まで毎月末日限り　　金5万円（計10回）
   (2)平成29年5月末日限り　金20万円（ただし、本件賃貸借契約により相手方乙川が申立人に預託している敷金20万円をもって弁済充当するものとし、相手方らはこれに異議を述べない）
   (3)平成29年5月末日限り　金4万4330円及び前項②③の合計額
8. 相手方らが前項(1)の支払を2回分怠ったときは、相手方らは期限の利益を喪失し、申立人に対して、第6項①ないし③の金員から前項による支払済の金員を控除した残額を直ちに支払う。
9. 相手方らが期限の利益を喪失することなく第7項(1)及び(2)の金員の支払を完了したときは、申立人は相手方らに対して、第7項(3)の金員の支払を免除する。
10. 申立人と相手方らの間には、本和解条項に定める他、本件に関し何らの債権債務がないことをそれぞれ確認する。
11. 和解費用は各自の負担とする。

【訴訟委任状の記載例】

訴 訟 委 任 状

平成28年　　月　　日

〒
東京都新宿区中新宿2丁目4番8号

委任者氏名　　　　　　　　　　　　　　　甲山　巧美　

私は、次の弁護士を訴訟代理人と定め、下記の案件に関する各事項を委任します。

（受任者）
東京弁護士会所属
〒107-0052
東京都港区赤坂見附1丁目2番3号弁護士ビル4階
電話 03-3555-xxxxx　FAX 03-3556-xxxx
芳友法律事務所
　　　　弁護士　中西靖雄

第1　案件の表示

（当事者）原告：私　　　　　　被告：乙川　太郎、乙川　修
（裁判所）東京簡易裁判所
（事　件）訴え提起前和解事件（建物明渡等）

第2　委任事項
1．上記案件に関する一切の訴訟・調停・審判行為（本委任状添付の和解条項案に従った即決和解を締結すること。なお、添付の和解条項案に記載された権利義務関係及び確認内容についての変更がない限り、各和解条項の字句修正については代理人に一任する）
2．和解、調停、請求の放棄、認諾、復代理人の選任。
3．民事訴訟法第48条（第50条3項、第51条において準用する場合を含む）の規定による脱退。
4．訴の取下。
5．民事訴訟法第360条（第367条2項、第378条2項において準用する場合を含む）の規定による異議の取下又は取下の同意。

第4章　任意交渉

明渡立会い〜明渡確認、所有権放棄

1. 明渡立会いの意義

　賃借人との間で明渡合意ができたとしても、それだけで安心はできません。合意のとおりに明渡を実現させるまでが代理人の仕事です。期限までに確実に明渡を履行させるためには、適時に状況確認を実施することが重要になってきます。そして、明渡時には必ず現場での立会いを行うようにします。代理人として自ら明渡履行を見届けることで、はじめて依頼者に対して責任を持った委任事務の遂行をしたといえるようになります。

2. 明渡期限までになすべきこと

　明渡期限まで座して待つのではなく、積極的に（何度も）賃借人に連絡を入れるようにし、スケジュールどおりの明渡実現に向けて誘導していくことが重要になります。

明渡合意の成立

- 移転先確保が未了の場合には、賃借人に進捗状況の確認と督促
- 賃借人の経済的事情（失業、破産）に応じて行政とも協議
    ……生活保護の受給申請を賃借人に奨める、住宅課など担当課に出向いて賃借人の公営住宅への入居をあっせんするように交渉する等

引越日の確定

- 合意書の明渡期限前の引越の場合にはその日を明渡立会日とする
- 明渡立会いの時間（引越業者の搬出直後の見込み時刻）の確認
- 電気、ガス、水道などの解約手続の実施状況の確認（督促）
- 賃貸管理会社への明渡日の連絡と立会いへの同席の依頼
- 移転先の入居可能日未到来や引越業者の都合などで明渡期限に間に合わない場合の対応協議
    ……賃貸人に了解を取り付け、明渡期限の変更合意の覚書を作成

残置物などの確認

- 合意書に記載がなされていても、所有権放棄の再確認を検討する
- 具体的な残置物の確認と、可能な限りの収去を目指す交渉
- 賃貸人に対して最終的な残置物（その処分費用）の見込みを説明

明渡立会い

3. 明渡立会いで行うこと

　明渡当日は、必ず現場での立会いを行います。賃貸管理業者がいる場合には、予め連絡をして立会いへの同席をお願いします。原状回復箇所の確認や、残置物の処理の手配などは慣れている業者に任せる方が効率的です。しかし、突発的な事象への対応は弁護士が行うべきで、明渡立会いを業者任せにするべきではありません。

　立会いに際して行うべきことは、物件や事案によっても変わりますが、概ね以下のようなものとなります。

【明渡立会いに際して行う基本事項】

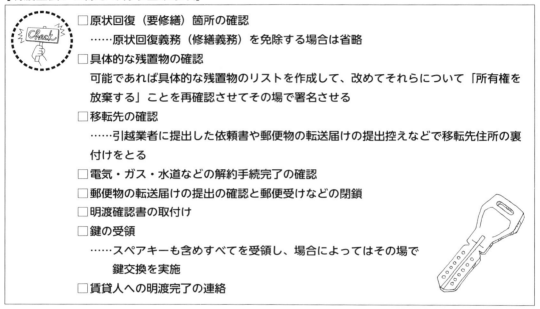

- □ 原状回復（要修繕）箇所の確認
  　……原状回復義務（修繕義務）を免除する場合は省略
- □ 具体的な残置物の確認
  　可能であれば具体的な残置物のリストを作成して、改めてそれらについて「所有権を放棄する」ことを再確認させてその場で署名させる
- □ 移転先の確認
  　……引越業者に提出した依頼書や郵便物の転送届けの提出控えなどで移転先住所の裏付けをとる
- □ 電気・ガス・水道などの解約手続完了の確認
- □ 郵便物の転送届けの提出の確認と郵便受けなどの閉鎖
- □ 明渡確認書の取付け
- □ 鍵の受領
  　……スペアキーも含めすべてを受領し、場合によってはその場で鍵交換を実施
- □ 賃貸人への明渡完了の連絡

4. 明渡確認書

　現実の明渡行為が完了していれば、あえて取り付ける必要はないともいえますが、依頼者である賃貸人に対して「委任事務がこれで完了した」という一つの証左となる書類です。所有権放棄の確認書を兼ねる書式で用意をし、明渡完了の際に賃借人に署名押印させて取り付けるようにします。

　明渡が完了していますので、物件目録の記載は訴状や合意書のように正確に記載しなくても現実の問題は生じませんが、特定可能な程度には物件の表示はするようにします。

【明渡確認書の記載例～明渡及び所有権放棄の確認書】

明渡及び所有権放棄の確認書

賃貸人 甲山 巧美人殿
（管理会社 全期不動産株式会社 御中）

　私は、本日、下記の建物を明け渡しいたしました。滞納賃料や原状回復費用などにつきましては、貴殿との間の平成28年7月15日付「明渡合意書」に記載されたとおりに支払をいたします。

記

明渡日	平成28年8月31日 本日、預かっているカギ（3本）を返却します。
残置物	以下の残置物についてはいずれも貴殿において廃棄その他の処分をすることについて異議はございません。 ・ガスコンロ 1台 ・エアコン（室内機、室外機）各1台
その他	原状回復費用（修繕費用）は、別紙見積書の記載内容（修繕箇所及び金額）を確認しました。支払期限等については改めて貴殿と協議をさせてください。

＜物件の表示＞
　　所　在　地　　東京都千代田区霞が関1丁目1番3号
　　家屋番号　　　1番3号
　　種　　類　　　共同住宅
　　名　　称　　　かすみマンション
　　構　　造　　　鉄筋コンクリート造陸屋根5階建
　（賃借部分）
　　上記建物の401号室（48.50m²）及び同建物の敷地内駐車場「No.3」の部分

平成28年8月20日
　　　　賃借人　埼玉県和光市和泉南町4丁目5番 ひかり荘102（移転先住所）
　　　　　　　　　　　　　　　　　　　　　乙川　太郎

※別紙「見積書」は記載省略

7 連帯保証人の扱い

1. 金銭債務の保証

いうまでもありませんが、連帯保証人に資力がある場合には、明渡合意の成立に向けても金銭債務の履行は連帯保証人も相手にして交渉することになります。賃料滞納をして契約が解除された賃借人自身からの回収は期待できないので、現実には連帯保証人がどこまで支払能力（と意思）があるのか、に関わってくるといえます。

2. 連帯保証人の存在意義を再確認

連帯保証人は、賃借人の債務履行を「保証」するものです。債務は金銭債務だけではなく「明渡債務」も含まれています。現実に連帯保証人が明渡行為をできるわけではありませんが、連帯保証人を介して賃借人に明渡を確実に実行させるという役割を担わせることになります。

連帯保証人は、賃借人と一定の親族関係にあるものであったり、職場の同僚、または親しい友人がなることが一般的ですから、その人的関係を活用して賃借人に対して明渡実行へのプレッシャーをかけることが期待できます。

3. 明渡実現に向けての連帯保証人とのやりとり

賃借人だけでなく、連帯保証人にも積極的に（何度も）に連絡をいれるようにし、賃借人が約束どおりの明渡をするように仕向けることも有用です。

引越先が決まらない（与信の問題で入居審査が通らない）場合、連帯保証人が実親などであれば、賃借人をいったん実家に引き取るように交渉することも検討します。引越代が工面できないなどの経済的支障は、連帯保証人に費用を拠出させるように依頼することも行います。賃借人が安易に動産類を残置しようとしている場合にも、連帯保証人に引き取らせる（処分させる）ことを要求するなど、明渡に向けて要所要所で連帯保証人も表舞台に引き出す（他人事ではなく連帯保証人も当事者そのものであるという認識をさせる）ことが、結果的に円滑な明渡の実施につながることは少なくありません。

可能ならば、明渡立会いにも連帯保証人を同席させるようにします。原状回復（修繕）費用の支払を求めるような場合には、賃借人以上に連帯保証人に対して修繕箇所の確認をさせるようにすることで、支払をめぐるトラブルを回避できることにもなります。

第5章
訴訟

1 訴訟提訴の準備

任意で明渡を求めてきましたがどうもうまくいきません。甲山さんを事務所に呼んで、今後の方向について、訴訟をするかどうかの打合せをします。

甲山　「やはり裁判をするしかないでしょうか？」
中西　「そうですね。相手方に全く出ていく気配がないので、このまま任意交渉を続けても時間がかかってしまうだけかもしれません。」
甲山　「訴訟で必要になるものは何かありますか」
中西　「基本的な資料はすでにお預かりしてますが、あとは、こちらで請求するものがあります。」
甲山　「訴訟の費用っていくらでしょうか？」
中西　「裁判所の実費は印紙代と郵券代です。印紙代は建物の評価額と滞納賃料額が基準ですがこの建物だと3万円もあれば足りるでしょう。郵便切手代は1万円くらいです。評価証明書をみてから正確な費用は計算書を出しますね。」
甲山　「肝心の先生の費用はどれくらいですか？」
中西　「私の場合、着手金が賃料の3～4か月、報酬金が賃料の3～8か月という報酬規定になってます。この件は賃料不払で請求は認められやすいケースですから、着手金3か月、報酬金も3か月分を考えておいてください。保証人に対しての未払賃料もあわせて請求する場合は回収できた金額の10%をこれに加えてお支払いいただくことになります。」
甲山　「結構しますね……」
中西　「弁護士によって報酬額はまちまちですが、私の場合は多分標準的な金額だとは思っていますが……」
甲山　「裁判で決着がつくのにどれくらいの期間がかかりそうですか？　申立てをしたらすぐに次の入居者募集の準備とかしても大丈夫ですか？」
中西　「いや、そこまで早くは無理です。欠席判決でももらえれば別ですが、乙川さんが争ってきたら訴訟提起してから3か月や半年はかかると思います。」
甲山　「そうですか、でもやらない訳にはいかないですね。裁判をお願いします。先生、絶対勝ってくださいね！」
中西　「……頑張ります。それでは訴訟委任状とか委任契約書を用意しますからちょっと待っててくださいね。」

1. 必要資料の用意

　訴訟提起の準備として、「書証（証拠）」や「添付書類」等の必要資料が揃っているかを確認し、不足があれば急ぎ用意するようにします。

　証拠書類の基本は賃貸借契約書、賃料滞納の記録（入金台帳等）と解除通知書になります。依頼者が持参した賃貸借契約書等の内容も、その賃借人の住所、氏名、賃借物件の所在地や自動更新の条項等を、再度、確認する必要があります。特に賃借人及び保証人の氏名、住所が印鑑証明書や住民票等に基づいて適切に記載されているか、対象物件について住所だけでなく、登記上の地番、家屋番号等が記載されているか、残置動産の処理方法や原状回復に関する特記事項がないか等をチェックします。

　更新を挟む場合、更新手続がきちんととられているかを更新契約書の有無や、自動更新規定の有無で確認し、合意更新なのか法定更新なのかの確認もしておきます。いずれの場合も更新契約書など、最初の契約から現在の契約までの連続性を明らかにできる書類を用意することになります。合意更新の場合には更新料の未払がないのかも確認します。更新に際しては賃料が改定されていることがあり、見落としがちです。賃貸人自身も忘れている場合がありますので注意しましょう。

　賃料滞納という債務不履行を理由として契約を解除するので、解除原因の有無を明らかにする証拠として入金台帳や通帳なども用意します。管理会社に賃料出納を委託している場合には、管理会社に入金（滞納）一覧表を作ってもらうと、これを訴状の別紙にすることで請求する滞納賃料がいくらであるのかをわかりやすくすることもできます。

　解除の通知（配達証明書含む）を賃貸人本人がした場合は、解除の意思表示が適切にされているのか、配達証明を付けて通知を郵送しているかも確認します。解除通知の有無を争われそうな場合には、再度の解除通知を発送するなどする必要があります。

　明渡について債権的請求（契約の終了を原因とする明渡請求）の場合には、賃貸人が土地や建物の所有者かどうかは本来関係ありません。しかし実務上は、債権的請求の場合であっても、賃貸人の自己所有物件の場合には不動産の登記事項証明書を証拠として提出することが多いです。賃借人以外に独立占有を主張しそうな占有者がいる場合には、物権的請求（所有権に基づく明渡請求）にしなければならないので、どちらにしても用意はしておくべきです。

　添付書類としては、土地・建物の固定資産評価証明書（訴額の算定に必要）、訴訟委任状が必要になります。まだ取得していない場合は急ぎ、用意します。契約当事者に法人が含まれる場合は含まれる場合は法人の代表者事項証明書（会社の現在事項全部証明書など）も取得します。

【チェックリスト①（建物明渡・未払賃料請求）】

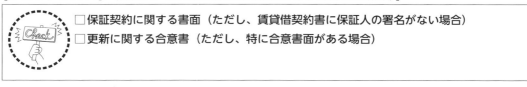

- □ 賃貸借契約書（最低でも直近の契約書、可能な限り最初から直近までのすべての契約書が揃っていることが望ましい）
- □ 契約書の付属資料（入居申込書や印鑑証明書、住民票など）
- □ 更新に関する合意書等（更新「契約書」になっていないで簡単な「合意書」「覚書」になっている場合。保証人について別の合意書があれば、それも必要）
- □ 賃料の未払が確認できるもの（賃料管理簿、入金の取引履歴ある預金通帳等）
- □ 解除通知（内容証明郵便で出ているのが望ましい）
- □ 解除通知の配達証明書
- □ 任意交渉の際のやりとり経緯がわかる書面（通知書や賃借人からの返答など）
- □ 登記事項証明書（建物）
- □ 建物の図面（区分所有建物でない場合には各階全体の平面図などで場所を特定）
- □ 建物の占有状況を明らかにできる写真など（賃借人以外の占有者がいる場合には必須）

【チェックリスト②（保証人への未払賃料支払請求も行う場合の追加分）】

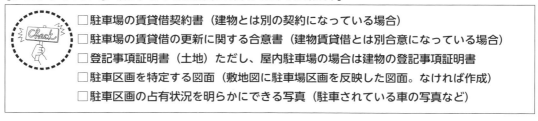

- □ 保証契約に関する書面（ただし、賃貸借契約書に保証人の署名がない場合）
- □ 更新に関する合意書（ただし、特に合意書面がある場合）

【チェックリスト③（駐車場の明渡請求を含む場合の追加分）】

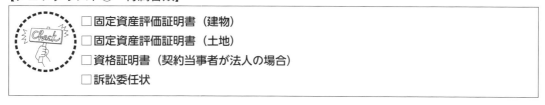

- □ 駐車場の賃貸借契約書（建物とは別の契約になっている場合）
- □ 駐車場の賃貸借の更新に関する合意書（建物賃貸借とは別合意になっている場合）
- □ 登記事項証明書（土地）ただし、屋内駐車場の場合は建物の登記事項証明書
- □ 駐車区画を特定する図面（敷地図に駐車場区画を反映した図面。なければ作成）
- □ 駐車区画の占有状況を明らかにできる写真（駐車されている車の写真など）

【チェックリスト④～付属書類】

- □ 固定資産評価証明書（建物）
- □ 固定資産評価証明書（土地）
- □ 資格証明書（契約当事者が法人の場合）
- □ 訴訟委任状

2．資料の取得方法

(1) 登記事項証明書

訴状の物件目録で貸室や駐車場を特定するとき、「地番」「家屋番号」等、不動産登記簿謄本に記載された「所在」を記載します。いわゆる住所（郵便物の送達先や住民票記載の住居表示）の記載では足りません。賃貸借契約書の当事者欄等は住所だけ記載されている

第5章　訴訟

ことがほとんどですから、まず、不動産の登記事項証明書を取得した上、訴状の物件目録を作成するとよいでしょう。

　不動産の登記事項証明書を取得するには、管轄する法務局の窓口で申請する方法が一般的です。

　申請書に貼付する登記印紙は、法務局の窓口ほか、郵便局でも購入することができます。金額は暫定的なものですので事前に確認しましょう。

　◆参考ＵＲＬ：http://www.moj.go.jp/MINJI/TESURYO/index.html

　もし、住所（住居表示）しかわからない場合は、「ブルーマップ」と呼ばれる住居地図が法務局や弁護士会の図書館などにあります。ブルーマップには、建物の名称や表札の出ている建物の住民の氏名なども出ていますので、これを使って住居表示に該当する建物の「地番」「家屋番号」等を確認することで登記簿謄本の取得ができるようになります。稀にですがブルーマップが存在しない地域がありますので、そのような場合は法務局の係員に相談するとよいでしょう。

　なお、法務局は、自治体ごとにあるわけではありません。不動産を管轄する法務局がどこであるかを探す必要があります。郵送で取得する場合、申請書、登記印紙、事務所宛の返信用封筒に必要な切手を貼り、不動産を管轄する法務局に郵送します。

　◆参考ＵＲＬ：http://houmukyoku.moj.go.jp/homu/static/kankatsu_index.html

　現在は不動産登記情報の電子化が進み、電子化された登記情報ならば、どの法務局でも取得することが可能です。平成28年9月現在、不動産登記情報が電子化されており、全国の不動産登記情報が、最寄りの法務局で取得できるようになっています。その他、法務省のインターネット上のサービスでも、不動産登記事項証明書の取得を申請することができます。頻繁に登記情報証明書を申請する場合は、この電子申請サービスを利用すると便利です。

　◆参考ＵＲＬ：http://www.touki-kyoutaku-online.moj.go.jp/

　一般財団法人民事法務協会のインターネット上のサービスでは、登記情報の電子データの閲覧が可能なほか、全国のブルーマップからの地番検索が可能となっています。

　◆参考ＵＲＬ：http://www1.touki.or.jp/gateway.html

(2) 固定資産評価証明書

　固定資産評価証明書は、（平成28年現在では）電子申請に対応していませんので、直接取得に出向くか郵便で交付申請をすることになります。

　不動産の所在が東京都23区内の場合は都税事務所に、東京都23区以外の場合には市町村役場の税務課など、固定資産税の担当部署に交付を申請します。

　固定資産税評価証明書の交付申請は不動産の所有者本人でなくても、依頼を受けた同居親族でもできますし、委任状さえ本人から受けとれば誰でも申請できます。弁護士として職務上の申請もできますが、その場合には「裁判所提出用」と目的が限定される記載のある証明書が交付されます（従って登記手続などには使えません）。訴訟提起においてはこれで目的は達成できますが、特段の限定のない評価証明書の交付を求める場合には、所有者本人から委任状（一般のもの、認め印で足りる）をもらって申請するとよいでしょう。

　郵便申請の場合には、事務所の住所、事務所名等が記載された返信用封筒を同封する必要がありますので、注意しましょう。

固定資産評価額は、原則として3年に一度、1月1日に改定されます。それ以外の場合も、例外的に評価が変わる可能性もあるため、最新のものを取得しましょう。
　固定資産税評価額改定が証明書に反映されるのが5月以降になることがありますので、4月以降に提訴する予定である場合、新しい固定資産評価証明書を取得できるのがいつなのかを所轄の税務署に確認するとよいでしょう。変更がないことも多いですが、最新のものが入手できる場合は、提訴時における最新のものを入手します。

> **★訴額算定**
> 固定資産評価証明書は、訴額を算定するために使用します。「土地」の訴額算定においては、当面の間、固定資産評価額の2分の1を基準とします。そのため、土地は、固定資産評価額の2分の1が経済的利益の価額とされ、その2分の1つまり固定資産評価額の4分の1が印紙額の基準額になります。注意しましょう。

ウ　商業・法人登記簿謄本等

　当事者に法人がいる場合には、その法人の商業・法人登記簿謄本か代表事項証明書のいずれかを添付します。法務局でも取得できますし、送付用の郵便切手を納付して、送付を請求することもできます。申請用紙は法務局のホームページでも公開されています。
　◆参考ＵＲＬ：http://www.moj.go.jp/ONLINE/COMMERCE/11-2.html
　商業・法人登記情報交換システムにより、どの登記所でも全国の法人の登記事項証明書が取得できますし、誰でも取得できるので委任状なども不要です。急ぎの場合には最寄りの法務局に直接出向けば即時に交付してくれますが、休日及び年末年始の休日を除く月曜日から金曜日までの午前8時30分～午後5時15分が受付時間となります。

2　相手方の特定

　保証人への滞納賃料の請求も含めて訴訟提起をすることになりましたが、困ったことが出てきました。

> **甲山**　「先生、少し気になることがあるんですが…」
> **中西**　「なんでしょう？」
> **甲山**　「実は、保証人の乙川修さんには以前手紙を出したことがあるのですが、届かずに返って来てしまっているんです。」
> **中西**　「連絡がとれないのですか？」
> **甲山**　「電話をかけてみたことがあるのですが、自宅の電話は不通になっていて、どこかに引っ越してしまっているようなんです。」

第5章　訴訟

> **中西**「不動産屋さんの話だと、前の契約更新のときに、乙川太郎さんが、修さんは、郊外にある老人ホームの抽選に当たったとかで、そちらに入居するかもしれないという話をしていたそうなんです。」

1．相手方に事情変更が生じている場合

　建物賃貸借のように長期継続を予定している契約の場合には、契約終了時に当事者が変動している場合が珍しくありません。賃借人や保証人に相続が発生しているような場合もあれば、保証人の住所が変わっている場合もあります。当事者が高齢の場合、後見開始などがなされているケースも登場することがあります。このような事態が発生しているかどうかも事前に確認し、それぞれに応じて適切な対応を講ずることが必要になってきます。

【当事者の特定などが問題になるケース】

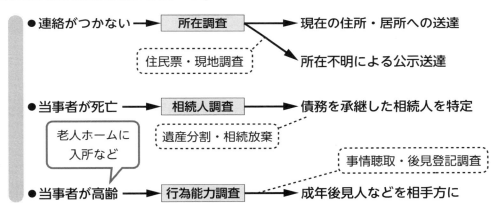

2．相手方に賃借人以外の占有者が登場している場合

　これら以外にも相手方の特定で問題になってくるのが「独立占有者」の存在です。
　賃借人とその家族や（賃借人が事業主であれば）その従業員などのように、賃借人の同居者という位置づけで独立した占有権限を持たない人（占有補助者）が建物に居住している場合には大きな問題は起こりません。しかし、賃借人が第三者に転貸している場合の転借人や、個人の賃借人が別法人を設立してその会社でも建物を使用している場合などは、それらの転借人や法人は、賃借人とは別個の占有者（独立占有者）となります。賃借人だけを相手にした明渡の判決（債務名義）を取っても、これらの独立占有者について当然に強制執行で退去させることができることにはなりません。
　もし独立占有者がいるのであれば、それらも被告として明渡訴訟を提起しなければなりませんし、請求原因も物権構成（所有権に基づく建物明渡）になります。独立占有者がいるのかどうかはっきりはしないが、なにか疑わしい事情があるような場合には、予め保全手続（占有移転禁止の仮処分・第2章）を取る必要性も出てきます。本書の事例でも、「乙

川クラウディングサービス」という表札が出ているのが法人である場合や、建物に出入りしている女性や子どもが独立占有者にならないのか注意しなければいけません。

「乙川クラウディングサービス」が乙川の個人事業で用いられている「屋号」の場合には独立占有者ではないので別当事者にする必要はありません。ただし、個人の住居ではなく個人の事業所としての使用が主体となっている場合などは、「乙川クラウディングサービスこと乙川太郎」などと、屋号をつけた当事者名にすることが適当な場合もあります。

【占有補助者と独立占有者】

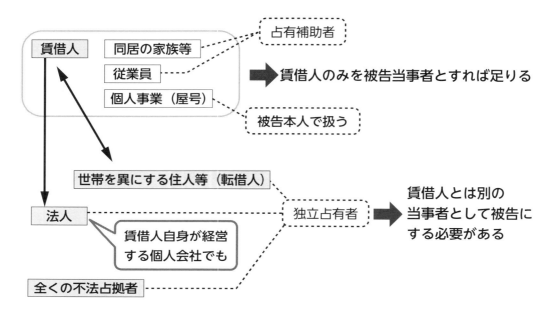

3 相手方の現状等の調査方法

1. 相手方の所在調査

　賃借人自身はともかく、保証人についてはしばしば契約書（更新合意書）の記載住所から転居している場合があります。訴訟提起前の催告通知が「あて所に尋ねあたらず」で返送されてきた場合などには、移転先の住所を突き止めておく（その上で改めて催告通知も出しておく）ことが必要になります。

　賃借人が保証人の移転先などを自発的に開示してくれた場合には、その移転先の住所地に催告通知を出し、送達されればそこを訴状の送達先住所にすることでも対応はできますが、基本は住民登録上の住所を住民票によって調査することになります。

　住所地を調査する手順の概要は次のとおりです。

第5章　訴訟

【住民登録上の住所を住民票から調査する手順】

① 賃貸借契約書に記載されている住所地を基にし、住民票を請求する
② 既に転居後の保証人の住所が判明している場合や、賃借人や保証人が死亡した場合は、住民票の代わりに除票を請求
③ 住民票の除票を取得した場合、さらに、転居している場合は、除票に転居先の住所地が記載されているので、続けて、転居先の住民票を請求し取得
④ 住民票によって移転先が判明しない場合には関係者への聞き取りなどを踏まえて現地調査などを実施する

　住民票を請求するには、職務上請求用紙（弁護士会から購入）の申請書に請求理由を記載し（相続発生などに備えて本籍地の記載を請求するにもチェックしておきます）、②必要な手数料を郵便小為替で用意し、③自分の事務所に対する返信用封筒（切手貼付）を同封して、④住所地の市区町村の市民課（戸籍住民課等の他の名称のことがあります）宛、郵送で申請します。

　多くの地方自治体では申請手数料をホームページに掲載しています。郵送でも窓口でも申請手数料は通常は同じですが、各地方自治体により異なることがありますので、担当窓口に電話する等して確認してから申請します。代金支払は郵便小為替のみが通常です。郵便小為替は窓口のある郵便局で扱っていますが、発行手数料が1枚につき100円かかりますから、複数申請する場合は、合算額を購入するようにします。

　住民票上の転出手続を取らずに事実上転居している場合は手掛かりがなくなり住民票ではどうしても「自宅」が判明しない場合があります。また、転出届けをしていても除票の保管期間は約5年と短いために、それ以上の期間が経過すると除票も取得できず、住所の移転先を辿れなくなることがあります。

　このような場合には、入居の際に申告していた職場・勤務先が変わっていなければ、そこを送達先として訴訟提起することも検討しますが、どうしても所在を把握できないときには、適切な現地調査なども実施した上で公示送達をするかどうかを選択することになります。最近は個人情報保護の観点から、保証人の元自宅の大家さんや賃貸管理会社、または分譲マンションの管理組合などに問合せをしても移転先を回答してくれることはほとんどありません。弁護士会照会を使っても同様です。しかし、現地で近隣住人や管理人などに話をすると、わざわざ現地まで出向いてきた姿を見て教えてくれる人がいることもたまにはあります。費用対効果をはかる必要もありますが、保証人に対する請求を是が非でも行いたい場合には労力を惜しまず現地に行くことも検討してみるとよいでしょう。

2. 相続人の調査

賃借人や保証人が死亡している（ことが判明した）ときは相続人の調査を実施します。遺族が「私だけが相続した」という話をしたとしても、そのまま鵜呑みにはせずに法定相続人を調査するべきです。

相続人の確定までには通常でも1か月程度は必要になります。

【法定相続人の調査】

> ① 賃貸借契約書などに記載されている住所地を基にし、本籍地の記載のある住民票（除票）を請求する
> ② 住民票（除票）に記載された本籍地に除籍謄本及び改製原戸籍謄本を請求する
> ③ 改製原戸籍謄本から除籍謄本までをたどってすべての法定相続人の最新の戸籍謄本と附票を請求する
> ④ 戸籍別票の住所地の記載を使って法定相続人の住民票を請求する
> ⑤ 全ての法定相続人が確認できたら相続人関係図も作成する

住民票の取寄せは1.と同様です。戸籍の取寄せも住民票と同様に職務上請求書を用いて、本籍地の住所を所轄している市区町村役場の戸籍課・係に郵送で請求できます。

戸籍の取寄せでは改製原戸籍も必須です。死亡時の戸籍には載っていない法定相続人がいることもあります（前配偶者との子、兄弟姉妹など）。戸籍謄本の附票には、その人の住民登録上の住所（履歴）が掲載されているので、これを使って現時点での住民登録上の住所の住民票を取り寄せるようにします。

法定相続人が相続放棄をしているかどうかは被相続人の最終住所地を管轄する家庭裁判所に対し、相続関係図及びそれを裏付ける除籍謄本、改製原戸籍謄本、戸籍謄本等を添付して申請することで申述受理証明書を取得できます。実務上は具体的に「自分は放棄した」という遺族が判明している場合にのみ対処し、まずは戸籍上判明した法定相続人を相手に訴訟提起をすることが多くみられますが（被告のうちから「自分は相続放棄している」という反論が出たところで訴えの一部取下げ等をする）、可能ならば相続放棄まで調査をしておく方が無難です。

【相続人関係図】

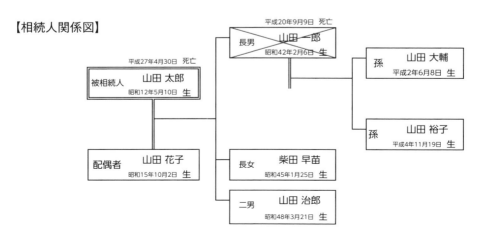

3. 成年後見などの調査

　当事者が高齢の場合、制限行為能力者で訴訟能力がない場合もあります。保証人が転居した先が老人ホームになっているような場合には、その保証人に訴訟能力があるかどうか、成年後見人が就任していないかなども確認をしておく必要があります。

　成年被後見人などは法務局に成年後見登記が備わっています。登記事項の証明や、登記されていないことの証明は、全国の法務局・地方法務局（本局）の戸籍課で申請ができます。また郵便でも申請ができ、この場合には東京法務局後見登録課が全国すべての受付窓口となっています。しかし、これらの登記（証明）は、本人、配偶者、四親等以内の親族を除くとこれらの者からの委任状がなければ第三者は申請できないため、相手方（被告にする賃借人、保証人）の関係者の協力がなければ取寄せはできません。

　したがって、関係者から「後見人が就いている」などの情報が得られていた場合であっても、成年後見登記などで確認ができない限りは「未確定」として扱わざるを得ません。

4. 被告の取捨選択～特に保証人の扱い

　保証人の所在が不明で送達ができない、保証人が死亡していて法定相続人を被告としようとしたところその中に海外在住者がいて送達が困難である、あるいは保証人自身の訴訟能力に疑義がある、などの事情があると保証人に対する未払賃料請求は事実上困難になってきます。とりあえず保証人も被告にして訴訟提起したところでこれらの事情が明らかになったという場合には、そこから再送達の上申が必要になったり、法定相続人の調査が必要になる等、訴訟が非常に遅延する可能性があります。

　訴訟の一番の目的が建物の明渡ならば、未払賃料の請求に拘泥して明渡請求まで提訴できなくなるようでは本末転倒になります。訴訟政策という観点では、特に保証人について何らかの障害がある場合には、被告から保証人を外す（賃料請求を明渡請求から切り離す）ことも積極的に検討することが必要になってきます。

　保証人に対する賃料請求まであわせて訴訟提起してしまった後で、保証人への送達ができない、保証人に相続が発生していることが明らかになった等の場合も同様の対応を検討します。賃借人に対する請求と手続を分離してほしい旨の上申をして弁論の分離を求める（賃借人が争っていない場合には分離して賃借人に対する訴訟を先に終結させてくれることがよくあります）、それが認められないなら最後は保証人に対する訴えを取り下げる等を検討し、依頼者に説明するようにします。

　建物明渡が主目的の訴訟では、まず何より、賃借人に対する建物明渡請求の早期決着を目指すようにします。

4 訴状（基本編）

1. 概要

　建物の明渡請求訴訟の訴状の起案を考えてみましょう。
　本書の事案では賃借人乙川太郎と連帯保証人乙川修が賃貸借契約における当事者として存在していますので、

> ① 賃借人に対する建物明渡請求
> ② 賃借人に対する駐車場明渡請求
> ③ 賃借人に対する滞納賃料等支払請求
> ④ 連帯保証人に対する滞納賃料等支払請求

の4つの訴訟物と、それぞれに付随する附帯請求が登場してきます。
　また、占有状況によっては

> ⑤ 賃借人以外の第三者に対する建物明渡請求
> ⑥ 賃借人以外の第三者に対する賃料相当損害金等の支払請求

も必要になってきます。「乙川クラウディングサービス」が法人として建物を占有している場合や、建物に出入りしている女性・子どもが乙川からの転借人の場合には、独立占有者になってくるため⑤の請求が必須になってきます。①②は賃貸借契約の終了に基づく債権的請求として構成することができますが、⑤については契約関係のない当事者ですので所有権に基づく明渡請求（物件的請求）として訴訟物を構成することが必要になります。

　これらの全てを訴訟物として請求する（必要がある）のか、連帯保証人については提訴しないのか、事案に応じて検討した上で訴状を起案します。

2. 請求原因の記載の基本

　建物明渡請求の要件事実を詳細に説明することは省きますが、裁判官が読んで理解しやすい構成を心掛ける必要があります。また、司法研修所の民事裁判でたたき込まれる「研ぎ澄まされた要件事実」を実践するのは事案によっては適切ではありません。被告が一切の事実を争わないような事案であればよいかもしれませんが、弁護士として起案する訴状においては、間接事実だけでなく事情もきちんと押さえることを意識するべきです。学術的な訴状ではなく、生の事実を踏まえて、一読して事実経緯や争点、そして判決で出すべき結論がわかるような書面を起案するように心掛けます。

第5章　訴訟

【請求原因の基本的な構成〜①債権的請求】

(1) 当事者
　　※相続が発生している場合などでは当事者が誰なのかを特定するために記載
(2) 賃貸借契約の成立
　①最初の賃貸借契約の締結の事実
　　・物件の特定
　　・契約締結日及び賃貸開始日
　　・賃貸条件（賃料・共益費及び支払方法と遅延損害金、契約期間と更新条件、解除事由、損害金）
　②書面による連帯保証契約締結の事実
　③物件の引渡し
　（④更新の事実）
　　・更新の種類（合意更新・自動更新、法定更新）
　　・更新時の賃貸条件の変更の有無とその内容
(3) 債務不履行・履行催告
　①賃料滞納の事実経過
　②相当な期間を定めての賃料支払の催告
　③相当な期間の経過
　　※②③は、無催告解除の特約があれば(4)①にまとめる
(4) 賃貸借契約の解除
　①解除催告
　　・解除催告の内容
　　・解除意思の賃借人への到達
　　※(3)②の履行催告と兼ねている場合はここでまとめて記載
　②解除の成立（解除日）
　　※事前の解除催告がなかったときは訴状の中で解除の意思表示をする
(5) 被告による占有継続
(6) これまでの交渉経緯など
　　※和解も希望するのか、早期終結・判決言渡を希望するのかなどの参考にしてもらいたい事情があり、それほどの分量がないならば「重要な間接事実」の別項立てをせずに請求原因内に盛り込むことも検討する
(7) まとめ
　　・法的構成
　　・遅延損害金の起算日の特定

【請求原因の基本的な構成～②物権的請求】

---
(1) 当事者
　　※占有者に関する情報を記載
　　※物件的請求では賃貸借契約の連帯保証人は占有をしていないので当事者にならないこ
　　　とには注意
(2) 土地・建物の所有
(3) 被告（ら）による占有の事実
　（①占有権限の喪失）
　　・賃借人との間の賃貸借契約の存在とその終了
　　・占有権限の喪失日（不法占有の開始日）
　　※賃借人に対しても物権的請求をする場合には記載
　②占有権限の不存在
　　・契約関係のない占有者による所有権侵害の事実
　　・不法占有の開始日
(4) 損害の発生
　①不法占有の継続
　②損害額
　　・賃料相当損害金
(5) これまでの経緯など
　①退去明渡の催告
　②催告の被告（ら）への到達の事実と到達日
　③その他の経緯
　　※和解も希望するのか、早期終結・判決言渡を希望するのかなどの参考にしてもらいた
　　　い事情があり、それほどの分量がないならば「重要な間接事実」の別項立てをせずに
　　　請求原因内に盛り込むことも検討する
(6) まとめ
　　・法的構成
　　・損害金の起算日の特定

　通常の土地・建物の明渡請求（賃料等の支払請求）であれば、この２つのパターンのいずれか、または事案によっては合成することで請求原因をまとめることができると思います。

3．訴状の記載における注意点

(1)訴訟物の価格（訴額）と印紙

訴額は、明渡を求める不動産は固定資産評価額を基準としてその価額の2分の1。一筆の土地や一棟の建物であれば評価額そのものを2分の1にすれば足りますが、土地の一部分や建物の一部（一室）の場合には原則として面積按分をして価額を算出します。

例）固定資産評価額が62,455,600円の延面積が1,464.60m²の建物のうち48.50m²が賃貸部分の場合の明渡請求の訴額
　　62,455,600×48.50÷1,464.60×1/2＝1,034,104円

　滞納賃料等の請求をする場合には、請求金額を上記の訴額に加算します。債務者が複数いる場合でも、賃借人と連帯保証人のように同一の債務についての連帯関係、保証関係の場合には重複加算する必要は無く、賃借人に対する請求額のみの計上となります。附帯請求となる遅延損害金（訴訟提起時点において確定していない、今後発生する損害金）などは訴額に計上する必要はありません。

　滞納賃料等の請求額が85万4333円の場合だと、明渡請求と合わせた訴額は1,888,437円になるので、貼用印紙代は15,000円になります。

　印紙代については、裁判所のホームページや弁護士業務便覧などの早見表で算出ができますが、複数の訴訟物がある場合には計算がわかりにくいことがあります。事前に裁判所の事件受付に電話で確認をしてみるか、あるいは記載部分を空欄のままで窓口に持参し、確認をしてもらって、その場で手書きで記載するということで間違いをなくすようにします。

手数料額早見表(単位：円)

訴額等 \ 手数料	訴えの提起	支払督促の申立て	借地非訟事件の申立て	民事調停の申立て，労働審判手続の申立て	控訴の提起	上告の提起
10万まで	1,000	500	400	500	1,500	2,000
20万	2,000	1,000	800	1,000	3,000	4,000
30万	3,000	1,500	1,200	1,500	4,500	6,000
40万	4,000	2,000	1,600	2,000	6,000	8,000
50万	5,000	2,500	2,000	2,500	7,500	10,000
60万	6,000	3,000	2,400	3,000	9,000	12,000
70万	7,000	3,500	2,800	3,500	10,500	14,000
80万	8,000	4,000	3,200	4,000	12,000	16,000
90万	9,000	4,500	3,600	4,500	13,500	18,000
100万	10,000	5,000	4,000	5,000	15,000	20,000
120万	11,000	5,500	4,400	5,500	16,500	22,000
140万	12,000	6,000	4,800	6,000	18,000	24,000
160万	13,000	6,500	5,200	6,500	19,500	26,000
180万	14,000	7,000	5,600	7,000	21,000	28,000
200万	15,000	7,500	6,000	7,500	22,500	30,000

(2) 当事者の記載

　訴訟の当事者（原告、被告）については、訴状本文の中に記載をすれば足りますが、当事者が多数におよぶ場合などでは、訴状本文の中では「別紙当事者目録記載のとおり」と記載をし、訴状の末尾に別紙として「当事者目録」をつけることもできます（「訴状の記載例」の方式）。

　この方式を使うと、仮処分や強制執行の場合の当事者目録にも流用することができるために便利です。

(3) 物件（不動産）の特定

　判決を債務名義として、明渡を求める土地や建物の強制執行をできるようにするためには、物件を適切に特定していることが必要です。契約終了に基づく建物明渡請求のような債権的請求の場合には物件目録の作成は必須ではありませんが、後日の強制執行を念頭に置くならば、訴状の末尾に別紙「物件目録」としてつけ、請求の趣旨でも「別紙物件目録記載の建物」など記載をするようにします。

　この物件目録は仮処分、訴訟、強制執行のいずれの申立ての場合でも共通して使うことができるもので、判決や和解の場合にも判決書や和解調書にそのまま使用されます。

　不動産の特定は原則として登記事項証明書（不動産登記簿）の記載によります。いわゆる住居表示では不適当です。一筆の土地や、一棟の建物の明渡を求める場合には、登記事項証明書（不動産登記簿）の表題部記載のとおりに記載をします。

【一筆の土地全体の明渡を求める場合の物件の表示】

所　　在	東京都千代田区霞が関一丁目
地　　番	123番45
地　　目	宅地
地　　積	235.94m^2

【戸建住宅など一棟の建物全体の明渡を求める場合の物件の表示】

所　　在	東京都千代田区霞ヶ関一丁目　234番地56
家屋番号	234番地56
種　　類	居宅
構　　造	木造瓦葺2階建
床　面　積	1階 57.00m^2 2階 48.24m^2

　なお、表題部に記載はあっても、「不動産番号」「所在図番号」「地図番号」「筆界特定」などの部分の記載は不要です。

　マンションでも区分所有建物であれば、区分所有登記の記載のとおりに物件の表題部を記載することで特定ができます。区分所有建物の場合には、建物全体となる「一棟の建物の表示」と、個々の区分所有部分である「専有部分の建物の表示」の双方を記載します。

【区分所有建物の場合の物件の表示】

(一棟の建物の表示)	
所　　在　　地	東京都千代田区霞が関一丁目123番地3
建物の名称	ひまわりマンション
構　　　　　造	鉄筋コンクリート造陸屋根4階建
床　面　積	1階　980.41m²
	2階　762.11m²
	3階　762.11m²
	4階　762.11m²
(専有部分の建物の表示)	
家　屋　番　号	霞が関一丁目123番地3の45
建物の名称	401
種　　　　　類	共同住宅
構　　　　　造	鉄筋コンクリート造陸屋根1階建て
床　面　積	82.40m²

　土地の一部分の明渡を求める場合や、区分所有になっていない建物の一部（一室）の明渡を求めるような場合には、明渡を求める部分を「図面」で特定することが必要になってきます。

　本書の設例は「かすみマンション」の「401号室」の明渡を求めていますが、区分所有建物ではないために、物件の特定においては登記簿で建物全体の表示を記載し、賃貸部分（実際に明渡を求める貸室部分）の表示を「図面」を使って記載することで物件の特定を図ることが必要になっています。「401号室」という表示は物件を特定するものとはなりませんので、それだけ記載をしても執行官は執行してくれません。

　図面については建築図面などがあればそれを活用しますが、きちんとした測量図面がない場合には入居者募集の際に物件広告に使うフロア図等でも可能です。要は図面において、どの階にあるのか（401号室だから4階とは限らない）、その階の中の何処に位置しているのか（階段などとの位置関係も踏まえて、南から4件目など相対的な位置関係を特定できるように）を現地で確実に特定できるものであればよいことになります。

　実際に図面で特定するときは以下のポイントに注意をして、別紙物件目録を作成するようにします。

【図面での特定の仕方の注意ポイント】

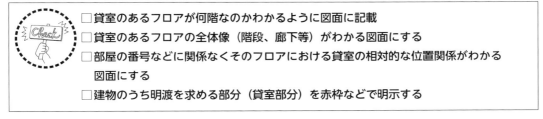

□貸室のあるフロアが何階なのかわかるように図面に記載
□貸室のあるフロアの全体像（階段、廊下等）がわかる図面にする
□部屋の番号などに関係なくそのフロアにおける貸室の相対的な位置関係がわかる図面にする
□建物のうち明渡を求める部分（貸室部分）を赤枠などで明示する

【建物の一部の場合の物件の表示】

所　在　地	東京都千代田区霞が関一丁目234番地5
家 屋 番 号	234番地5
構　　　造	軽量鉄骨造陸屋根3階建
種　　　類	集合住宅
床　面　積	1階　79.33m²
	2階　79.33m²
	3階　79.33m²

上記物件のうち、3階の別紙図面破線枠部分（賃貸面積19.83m²）

【図面の記載例】

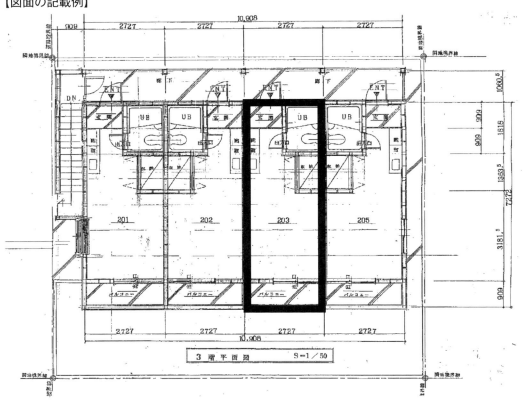

【建物明渡訴状の記載例～訴状】

訴 状

平成28年　　月　　日

東京地方裁判所　御中

　　　　　　　　　　　　　　　　　原告訴訟代理人　弁護士　中　西　靖　雄

　　　　　　当事者の表示　　　別紙当事者目録記載のとおり

建物明渡等請求事件
　　訴訟物の価額　　　　万　円
　　貼用印紙額　　　　　万　円

第1　請求の趣旨
1　被告乙川大郎は、原告に対し、別紙物件目録記載の建物を明け渡せ
2　被告乙川太郎及び被告乙川修は、原告に対し、連帯して、金85万4333円及び平成28年6月24日から別紙物件目録記載の建物の明渡済みまで1か月20万円の割合による金員を支払え
3　訴訟費用は、被告らの負担とする
　　との判決並びに仮執行宣言を求める。

第2　請求の原因
1　賃貸借契約及び連帯保証契約の成立
　(1)　賃貸借契約の成立
　　　原告は、被告乙川太郎（以下「被告太郎」という）に対し、平成23年3月15日、別紙物件目録記載の建物（以下「本件建物」という）を下記のとおり、賃貸した（以下「本件賃貸借契約」という）（甲1の1）。

記

　　　期　　間　平成23年3月15日から平成25年3月15日まで
　　　賃　　料　1か月10万円
　　　共 益 費　1か月1万円
　　　支払方法　翌月分を毎月末日払い
　　　敷　　金　20万円
　　　更　　新　2年間
　　　損 害 金　明渡済みまで賃料の倍額（20万円）

　(2)　連帯保証契約の成立
　　　被告乙川修（以下「被告修」という）は、原告との間で、平成23年3月15日、被告太郎を主債務者とし、本件賃貸借契約から生じる一切の債務を目的として、本件賃貸借契約終了後明渡まで、かつ、本件賃貸借契約が更新された場合においても連帯保証するとの書面による合意をした（甲1の1、甲2）。

　(3)　物件の引渡し
　　　原告は、被告太郎に対し、本件賃貸借契約に基づき、平成23年3月15日、本件建物を引き渡した。

(4) 更新

その後、原告及び被告太郎は、平成25年3月16日及び平成27年3月15日に本件賃貸借契約を更新した（甲1の2、1の3）。

2 未払賃料

被告太郎は、本件賃貸借契約に基づき、毎月末日までに本件建物の翌月分の賃料及び共益費（以下賃料と共益費を纏めて「賃料等」という）を支払うこととされていたところ、本件建物の平成27年12月分から平成28年6月分までの賃料等合計77万円（以下「本件未払賃料等」という）の各支払期限である平成27年11月から平成28年5月末日まで各月末日を経過したにもかかわらず、これを支払わなかった（甲4）。

3 催告及び本件賃貸借契約の解除

(1) 原告は、被告太郎に対し、平成28年6月15日、内容証明郵便をもって、本件未払賃料等合計77万円を支払うよう通知して催告し、かつ、同通到達後1週間以内に本件未払賃料等を支払わない場合には、改めて意思表示することなく、同期限の経過をもって本件賃貸借契約を解除する旨、通知（以下「本件通知」という）し、本件通知は、平成28年6月16日、被告太郎に到達した（甲5の1、5の2）。

(2) しかし、被告太郎は、原告に対し、同年6月23日を経過しても本件未払賃料等を支払わず、本件賃貸借契約は解除された。

4 被告太郎は、本件賃貸借契約終了後、現在に至るまで本件建物を占有し、かつ、本件賃貸借契約の解除日である平成28年6月23日までの賃料共益費合計85万4333円及び解除後の損害金（1か月20万円の割合による）を支払っていない。

5 よって、原告は、被告太郎に対し、本件建物の明渡を求めるとともに、被告らに対し、本件未払賃料等合計85万4333円及び平成28年6月24日から本件建物の明渡済みまで1か月20万円の割合による遅延損害金の支払を求める。

証 拠 方 法

甲第1号証の1　貸室賃貸借契約書（平成23年3月15日付）
甲第1号証の2　貸室賃貸借契約書（更新）（平成25年3月14日付）
甲第1号証の3　貸室賃貸借契約書（更新）（平成27年3月14日付）
甲第2号証　　　印鑑証明書（乙川修）
甲第3号証　　　不動産全部事項証明書
甲第4号証　　　賃料等入金履歴一覧
甲第5号証の1　内容証明郵便（平成28年6月15日付）
甲第6号証の2　郵便物等配達証明書

附 属 書 類
1　訴状副本　　　　　　　　　　　　　　　　2通
2　甲号証（写し）　　　　　　　　　　　　　各3通
3　訴訟委任状　　　　　　　　　　　　　　　1通
4　固定資産評価証明書　　　　　　　　　　　1通

【当事者目録の記載例】

　　　　　　　　　　当　事　者　目　録

　〒162－0088　　東京都新宿区中新宿2丁目4番8号
　　　　　　　　　　原　告　　甲　山　巧　美

　〒107－0066　　東京都港区赤坂見附1丁目2番3号
　　　　　　　　　　　芳友法律事務所　　（送達場所）
　　　　　　　　　　上記原告代理人弁護士　　中　西　靖　雄
　　　　　　　　　　　ＴＥＬ　　　０３（３５５５）ＸＸＸＸ
　　　　　　　　　　　ＦＡＸ　　　０３（３５５６）ＸＸＸＹ

　〒101－0076　　東京都千代田区霞が関1丁目1番3号
　　　　　　　　　　かすみマンション401号室
　　　　　　　　　　被　告　　乙　川　太　郎

　〒351－0018　　埼玉県和光市和泉町2丁目3番8号
　　　　　　　　　　被　告　　乙　川　修

【物件目録の記載例】

　　　　　　　　　　物　件　目　録

　所　在　地　　東京都千代田区霞が関1丁目1番3号
　家屋番号　　　1番3号
　種　　　類　　共同住宅
　構　　　造　　鉄筋コンクリート造陸屋根5階建
　床　面　積　　1階　322.20m^2
　　　　　　　　2階　285.60m^2
　　　　　　　　3階　285.60m^2
　　　　　　　　4階　285.60m^2
　　　　　　　　5階　285.60m^2
　上記建物のうち4階、別紙図面赤枠部分

【図面】

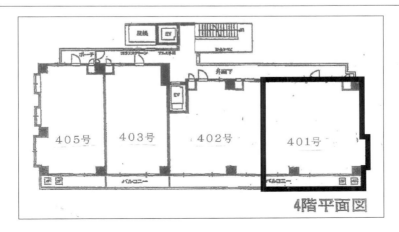

4階平面図

5 訴状（発展編）

　土地・建物の明渡請求の訴状でも、特殊な事情を反映させなければならない場合がありますのでそれらについても見てみます。

1．駐車場の明渡

(1) 物件の特定

　駐車場は通常、建物の敷地の一部を駐車場区画に区切って、その一区画を使用させます。したがって、物件の特定においても登記事項証明書（不動産登記簿）に従って土地全体を記載し、その上で、その土地のどの部分が賃貸部分（駐車場区画）なのかを図面で特定することにななります。

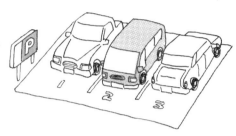

【駐車場の物件目録の記載例】

所　　在	東京都千代田区霞が関一丁目
地　　番	123番3
地　　目	宅地
地　　積	1425.60m^2
上記土地のうち別紙図面赤枠部分（面積12.5m^2）	

【駐車場の図面の記載例】

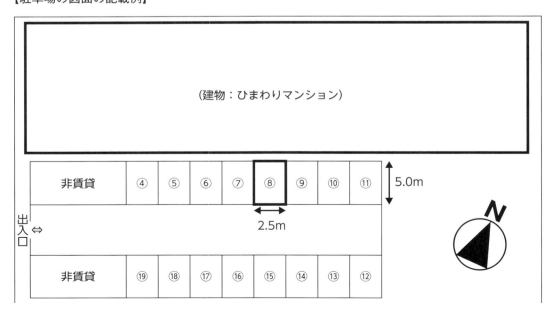

(2) 駐車場利用契約

　駐車場について単独の「駐車場利用契約」などの契約がある場合には、通常の土地明渡請求と変わることはありません。駐車場の利用契約とその終了（解除）などを理由として明渡の請求原因を記載します。

　しかし、賃貸マンションなどでは、希望する入居者に対して駐車場区画を割り当て、駐車場単体の利用契約を締結しないケースもあります。本書の事案もそのケースです。この場合には、貸室と駐車場は一体として建物賃貸借契約に包含されている、または建物の賃貸借契約に付随して駐車場区画の利用を認めたとして請求原因を組み立てることが必要になります。建物賃貸借契約という名称の契約書であっても、建物及びそれに付随する駐車場区画の賃貸借契約であり、建物賃料の中に駐車場利用料金も含まれているという構成を検討します。

【駐車場利用区画を合わせた請求原因の記載例】

```
1　賃貸借契約及び連帯保証契約の成立
 (1)　賃貸借契約の成立
　　　原告は、被告乙川太郎（以下「被告太郎」という）に対し、平成23年3月15日、別紙物件目録記載1の建物（以下「本件建物」という）及びこれに付随する駐車場として別紙物件目録記載2の駐車場区画（以下「本件駐車場」という）を下記のとおり、賃貸した（以下「本件賃貸借契約」という、甲1）。
                          記
　　　期　　間　平成23年3月15日から平成25年3月15日まで
　　　賃　　料　1か月10万円（駐車場について固有の利用料はなし）
　　　共益費　　1か月1万円
　　　支払方法　翌月分を毎月末日払い
　　　更　　新　2年間
　　　損害金　　明渡済みまで賃料の倍額（1か月20万円の割合）
　　　その他　　本件駐車場は、本件建物の賃貸借に付随するものとしてその利用を
　　　　　　　　認める
```

(3) 訴額

　駐車場の明渡は土地の明渡請求になりますので、土地（賃貸マンションの敷地）の固定資産評価額を基準として、駐車場区画の面積で按分した価額が訴額となります。ただし、土地の評価については、（平成6年4月1日以降）その固定資産評価額の2分の1をもって土地の評価額として扱うとし、訴訟物の価格はさらにその2分の1とするとされています。土地の固定資産評価額の4分の1を基準にしますので注意しましょう。

　例）マンションの敷地全体の面積が2024.00m^2、固定資産評価額が368,850,400円で
　　　駐車場の一区画が12.5m^{2}の場合
　　　　　368,850,400 × 12.5/2024.00 × 1/2 × 1/2 ＝ 569,495円

多くの駐車場は方形ですが、もし、駐車区画が不成形で、駐車場の面積が計算しにくい場合は概算額を算出しつつ、事件受付で相談するようにします。

２．訴状での解除の意思表示

訴訟提起前に発送した解除催告の通知を賃借人が受け取っていない（内容証明郵便が配達されず、通知は普通郵便で行ったために解除通知の送達の証拠がない）場合などでは、解除の効力を争われる場合もあります。このような場合には、改めて訴状の中で契約解除の意思表示をすることも検討します。

なお、訴状の中で解除の意思表示を行う場合には、訴状（解除通知）の到達時期を予測することが難しいため、送達された日の翌日をもって遅延損害金の発生日とすることになります。

【訴状の送達で解除の意思表示をする訴状の記載例】

第1　請求の趣旨
(1)　主位的請求
1　被告乙川太郎は、原告に対し、別紙物件目録記載の建物を明け渡せ
2　被告乙川太郎及び被告乙川修は、原告に対し、連帯して、金85万4333円及び平成28年6月24日から別紙物件目録記載の建物の明渡済みまで1か月20万円の割合による金員を支払え
3　訴訟費用は、被告らの負担とする
　　との判決並びに仮執行宣言を求める。
（予備的請求）
1　被告乙川太郎は、原告に対し、別紙物件目録記載の建物を明け渡せ
2　被告乙川太郎及び被告乙川修は、原告に対し、連帯して、金85万4333円及び平成28年6月24日から本訴状の送達の日まで金11万円の割合による金員、並びに本訴状の送達を受けた日の翌日から別紙物件目録記載の建物の明渡済みまで1か月20万円の割合による金員を支払え
3　訴訟費用は、被告らの負担とする
　　との判決並びに仮執行宣言を求める。
～～～～～～～～～～～～～～～～～～～～～～～～～～～～～～
第2　請求の原因
4　催告及び本件賃貸借契約の解除
(1)　原告は、被告太郎に対し、平成28年6月15日発送の普通郵便をもって、本件未払賃料等合計77万円を支払うよう通知して催告し、かつ、同通達後1週間以内に本件未払賃料等を支払わない場合には、改めて意思表示することなく、同期限の経過をもって本件賃貸借契約を解除する旨、通知（以下「本件通知」という）した。したがって本件通知は、普通郵便の合理的な到達日数の経過である平成28年6月16日、被告太郎に到達した。
(2)　しかし、被告太郎は、原告に対し、同年6月23日を経過しても本件未払賃料等を支払わず、本件賃貸借契約は解除された。
(3)　(1)による解除通知が被告太郎に到達していない場合には、本訴状をもって本件賃貸借契

第5章　訴訟

約を解除する旨、通知する。
6　よって、原告は、被告太郎に対し、本件建物の明渡を求めるとともに、
(1)　金銭請求にかかる主位的な請求
　　被告らに対し、本件未払賃料等合計85万4333円及び平成28年6月24日から本件建物の明渡済まで1か月金20万円の割合による遅延損害金
(2)　金銭請求にかかる予備的な請求
　　被告らに対し、本件未払賃料等合計85万4333円及び平成28年6月24日から本訴状の送達の日まで金11万円の割合による金員、並びに本訴状の送達を受けた日の翌日から別紙物件目録記載の建物の明渡済みまで1か月20万円の割合による損害金
を求める。

6　申立てと期日設定

1．申立てから第1回期日までの大まかな流れ

　裁判所に訴状を提出し、書記官のチェック、場合によっては裁判官からの補正命令を受け、その後被告に訴状が送達されます。送達に先だって書記官から連絡が入り、第1回弁論期日の調整も行います

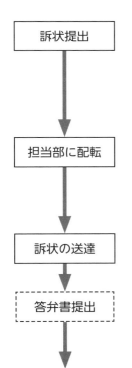

- 受付事務官によるチェック
　　⇒その場で訂正
- 印紙貼付
- 郵券予納
- 事件番号の確認

- 書記官によるチェック
- 裁判官による補正命令　⇒訴状の訂正や差換え
- 期日候補日の照会　⇒期日請書の提出
- 進行についての照会　⇒照会書に回答し書記官に提出

- 送達できなかった場合、書記官から連絡がくるので再送達上申、付郵便、公示催告など対応を協議する

- 本人訴訟の場合には裁判所経由で送られてくることが多い
- 期日目前でも答弁書が出てこない場合、書記官に状況を確認
- 和解の見込みがでてきている場合は書記官と積極的に調整をはかる

2. 訴状提出

　裁判所の事件受付窓口に直接出向くか、郵送で訴状などを提出します。郵送の場合には封筒に「訴状在中」と赤字記載した上で郵送します。ここでは東京地裁の運用に基づいて説明をしてみます。

　郵送は「東京地方裁判所民事事件係」宛てになり、窓口は建物明渡などの通常訴訟は14階にある「民事訟廷事務室事件係」になります。受付時間は平日（祝祭日を除く）の午前9時から午後5時まで（正午から午後1時は休止）になります。番号札を取って順番を待ちます。

　窓口では「受付」のみで「受理」にはなりませんが、事件番号が渡され、また誤字脱字などの補正は事実上行われます（補正命令ではないので応ずる義務はなく、補正しなくても担当部に引継ぎはされますが素直に従うようにします）。

　訴額が不明であるなどの場合には窓口で確認をしてもらう方がいいですし、誤字脱字などの訂正に備えて印鑑を持参して窓口に出向く方が無難です。

　訴状提出の際に用意していくものは以下のとおりです。

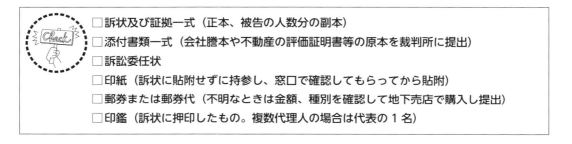

□ 訴状及び証拠一式（正本、被告の人数分の副本）
□ 添付書類一式（会社謄本や不動産の評価証明書等の原本を裁判所に提出）
□ 訴訟委任状
□ 印紙（訴状に貼附せずに持参し、窓口で確認してもらってから貼附）
□ 郵券または郵券代（不明なときは金額、種別を確認して地下売店で購入し提出）
□ 印鑑（訴状に押印したもの。複数代理人の場合は代表の1名）

(1) 訴額と印紙

　予め訴状に貼附してしまうことはせず、印紙は印紙で持参します。窓口で訴額と印紙代の確認がなされますので、その結果間違いがないということになったところで貼付する、または受付担当の事務官に渡すようにします。

　訴額の計算が複雑な場合は、計算書を添付すると受付がスムースに行われますので、予め訴額計算書を用意しておくとよいでしょう。

(2) 郵券

　郵券は現物の予納か、現金の予納ができます。

　現金予納の場合、窓口納付（訴状提出後に受付窓口で保管金提出書の交付を受け、保管金提出書、印鑑及び現金を準備して9階の出納第二課で納付）、銀行振込（訴状提出後に受付窓口で保管金提出書及び裁判所保管金振込依頼書（複写式）の交付を受け、最寄りの銀行から振込手続を行い、「裁判所提出用」と記載された保管金振込依頼書と保管金提出書を9階の出納第二課に提出または郵送）、そして事前登録が必要ですが電子納付もできます。

　訴訟終結後に、残余のある郵券は現物返還されますが、現金予納の場合には予納時に提出した保管金提出書の「還付金の振込先等」欄に記載された口座に残金が還付されます。

(3)夜間休日受付

夜間休日の受付は、東京地裁と弁護士会館の間の門扉から、弁護士であること、夜間受付に訴状を出すことを守衛に告げて、東京地裁地下1階の「夜間受付」に訴状を提出することができます。時効期間満了直前とか、控訴期限ギリギリでどうしても当日中に受付されることが必要な場合には夜間受付を使えます。訴状の補正などはいっさいせず（後日担当部で行われる）、印紙、郵券などのチェックだけで受け付けられ、訴状の控えに「受付印」をもらうことができます。

3. 訴状受付後第1回口頭弁論期日まで

事件が係属部に配転されてからは、係属部の書記官とのあいだで第1回口頭弁論期日に向けての調整が行われるようになります。

(1)訴状の補正

訴状の記載内容に誤りがある、主張（要件事実）に不足や誤りがある、請求金額が間違っているなどについては、担当書記官から電話で補正するように指摘がきます。補正については、簡易なものは書記官室に出向いて、正本・副本に訂正印を押して訂正します。訂正箇所が多い、主張の主要な部分に修正を要するような場合は、再度訴状を印刷して「差換え」をすることもできます。ただし、印紙を貼付して消印がされている部分は差し換えることができません。

(2)訴訟進行に関する照会書

訴状受付の際に、訴訟進行に関する照会書が渡されるので、速やかに係属部にFax送信などで提出します。

任意交渉である程度の話ができているような場合で早期に和解を目指したいときなどは、照会書にその旨を記載します。また、被告への訴状の送達が難航すると予測される場合にはその旨の記載もし、早めに就業先への送達や公示送達などに切り替えてもらえるように情報を担当書記官に提出しておきます。

係属部によっては、照会書とあわせて第1回口頭弁論期日の候補日についての照会書がFaxで送られてくる場合もありますので、受け取ったら早急に提出をします。

(3)期日の調整

補正があればその指摘の電話の際に、補正がなくても書記官から電話で、第1回口頭弁論期日の調整のための連絡があります。係属部の開廷日にあわせて候補日が出されるので、都合の合う日時を指定します。期日が決まったら、期日請書を出します。

なお、被告への送達が困難であることが予めわかっている場合には、この期日調整の際に担当書記官に事情を伝えるようにし、余裕を持った期日の指定をしてもらうようにします。特に公示送達（7．でまとめて説明します）が想定される場合には、最低でも30日以上先の期日を指定してもらうように調整します。

(4) 答弁書

　被告が本人訴訟の場合には、答弁書が裁判所にのみ提出されるのが通常のため、裁判所経由で答弁書が送られてきます。

　第1回期日が迫ってきているのに答弁書が送られてこない場合には、担当書記官に電話をして、訴状の送達ができているのか、被告から裁判所に何か連絡があったのかなども確認しておくようにします。書面は提出しなくても、当日本人が出廷してくるとなれば早期の和解決着の可能性も出てきます。答弁書も出さないし裁判所にも出廷してこないということが予測されるなら欠席判決の見込みとなるため、強制執行での決着も意識しなくてはならなくなります。

(5) 第1回期日における和解の根回し

　訴状送達後に被告から連絡を受けた書記官は、被告との間で和解解決の可能性を聞き取るようにしています。和解の見込みがある場合には、担当書記官から電話連絡がくることがあるので、できるだけ第1回期日に和解が成立できるように検討をします。

　訴状を受け取った被告本人から電話なりがくることもあります。実際に訴訟になったということで、任意交渉では退去のそぶりもなかった賃借人が、慌てて退去の打診をしてくることもあります。そのような場合には可能な限り和解条件を詰め、和解成立の見込みができたならばその旨は担当書記官にも連絡をしておきます。あと一歩詰まらないというような場合でも、和解相当と考えれば裁判官が第1回期日に積極的に被告を説得して、そのあと一歩を被告に飲ませて、和解を成立させることはよくあります。事前のやりとりはいわば早期の和解決着に向けての根回しでもあるので、上手に裁判所を利用するという意識で、第1回期日までの時間を有益に活用するようにします。

7 送達・公示送達

書記官　「中西先生ですか。こちら東京地方裁判所民事部の書記官久保と申します。中西先生が提出された建物明渡請求事件の訴状が戻ってきてしまいました。次の送達は、どうされますか？」
中　西　「訴状が届かなかった理由はわかりますか？」
書記官　「不在のようです。」
中　西　「次は、休日か、就業先に対する送達を検討したいと思いますが、原告と検討したいので、追って、ご連絡いたします。」

1. 送達

　裁判所から被告に対する訴状の送達業務は平日に特別送達で行われるため、賃借人が裁判所からの訴状の受取りができない場合があります。不在票があっても再配送の依頼をしない、あるいは郵便局に取りに行かないうちに保管期間を徒過して、裁判所に戻ってしまうことがあります。中には、裁判所からの書類だということで、明渡の訴訟が提起されたと察知して「受領拒否」する賃借人もいます。

　訴状が送達されなければ訴訟は係属しませんので、この状態を放置すると著しく訴訟が遅延します。送達は書記官の権限ですが、早期の明渡を希望する賃貸人の希望を損なわないためには、書記官と協力し、その指示に従って適切な対応を講じる必要があります。

【送達できなかった場合のその後のフロー】

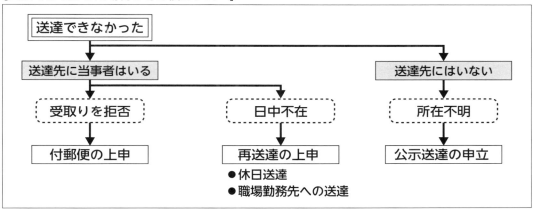

2. 再度の送達

　訴状に記載した送達先に間違いなく被告がいる場合は、平日日中でなければ受領される可能性があるか、あるいは送達先を変更して勤務先などに送達することで受領される可能性がある場合があります。そのような場合には再送達の上申を行います。

　休日送達などの場合には、上申をしなくても書記官が職権で実施してくれることもありますので、比較的容易に認められます。職場勤務先については、間違いなくその職場にいるということを報告する必要がありますので、就業場所の調査報告書を添えて上申することになります(報告書については後述します)。

3. 付郵便

　送達先に被告がいるにもかかわらず被告が訴状の受取りを拒否している場合、あるいは再度の送達を実施したにもかかわらず不在のために送達できなかった場合（その送達先に間違いなく被告がいるのに居留守を使っていると思われるような場合）には、実際に郵便物を被告が受領するしないにかかわらず、裁判所が訴状を発送したことをもって送達されたとみなす付郵便（書留郵便に付する方法による送達）を実施してくれることがあります。

送達不能の理由を書記官からも確認し、送達先に間違いなく被告がいることの報告書を提出の上で、付郵便の上申をします。後述する公示送達と同様に、付郵便の場合には、現実に被告が訴状を受け取らなくても判決を出すに相当するという心証を担当書記官が得られる程度に至っていることが必要になりますので、適切な報告書の提出が求められます。

4．公示送達

賃借人が夜逃げした場合などが典型ですが、知れたる住所に被告が所在しないことが明らかであり、かつ、被告の現在の所在がわからない場合には、民事訴訟法110条以下の手続に従って公示送達を取るように書記官に依頼し、上申します。

公示送達は、裁判所の所定の掲示板に一定期間（2週間）、公示送達の書面（訴状を保管しいつでも交付することなど）に掲示し、期間の満了をもって送達ができたとみなす手続です。これによって、所在が不明になってしまっている相手を被告とした訴訟を係属させることが可能となります。

公示送達については、実際には所在を確知しているのに、欠席判決を取るために悪用されたケースもあったため、かなり厳格な調査の実施と報告書の提出が書記官から求められます。その上で、公示送達によるべきとの心証が得られたときには手続を実施してくれます。ただし、最初の送達不能による書記官との調整ののち、現地調査に1週間程度、その後公示催告の申立てをしてから2週間以上の期間を要するため、第1回口頭弁論期日までに要する時間が通常より1か月程度は長期化することには注意が必要です。

公示送達の場合には被告が出廷するよしもなく、欠席判決になるのですが、実際の運用においては請求に理由があるかどうかの内容の審査を裁判所が行っています。そのため、第1回口頭弁論期日前までに、原告その他関係者の陳述書を含めたすべての証拠を提出し、仮に被告が出廷しても認容判決が出るレベルの準備をしておくことが必要となります。

5．調査報告書

就業場所への送達、付郵便、公示送達、いずれの場合においても、その送達先に被告が間違いなく「いる」「いない（他の所在の不明である）」ということを調査した結果を報告書として裁判所に提出しなければいけません。

付郵便、公示送達の場合に裁判所が求める「調査事項」は概ね以下のとおりとなります。これらの調査事項は基本的に調査を実施し、それ以外にも書記官からの指示に従った調査を漏れなく実施するようにします。事案によっては離婚した配偶者の元や実家についても現地調査を求められることもあり、調査には時間と費用がかかるケースもあります。公示送達の上申をする前に、必ず依頼者と打合せをして、調査に要する費用の負担は了解してもらうようにしておきます。

【調査事項】

1．住所登録等
□住民票の取寄せ結果（住所変更の有無の確認）
□勤務先等への照会結果
2．知れたる所在地（送達先など）の現地調査
□表札、郵便受けの状況や表示（名義）など
□郵便受け、新聞受けなどの状況（郵便物や督促状などがないかなど）
□水道、電気メーターの稼働状況
□洗濯物や外からうかがい知れる室内の状況
□管理人や近隣からの聞き取り
□インターホンなどでの呼出し
□以上についての写真などの撮影

　これらの調査結果を踏まえて、「以上の諸事情により、被告が本件物件に居住していることが明らかであるので付郵便にされたい」または「以上の諸事情により、被告が本件物件に居住していないことが明らかであるので、公示送達されたい」とする原告代理人としての結論（所見）でまとめた上申書を作り提出します。

【再送達の上申書（休日送達）の記載例】

平成28年（ワ）第123456号　建物明渡請求事件
原　　告　　甲　山　巧　美
被　　告　　乙　川　太　郎　外1名

再送達の上申書

平成28年10月20日

東京地方裁判所　民事第58部ヘ係　御　中

　　　　　　　　　　　　原告訴訟代理人
　　　　　　　　　　　　　弁　護　士　　中　西　靖　雄

　頭書事件について、被告に対する訴状等の送達が不能となっておりますが、被告の住所宛休日配達指定郵便により（休前日の速達郵便により）被告住所に宛てて再度送達を実施されたく上申します。

【付郵便の上申書の記載例～書留郵便に付する方法による送達の上申書】

平成28年（ワ）第123456号　建物明渡請求事件
原　　告　甲　山　巧　美
被　　告　乙　川　太　郎　外1名

書留郵便に付する方法による送達の上申書

平成28年10月30日

東京地方裁判所　民事第58部ヘ係　　御　中

原告訴訟代理人
弁　護　士　　中　西　靖　雄

　頭書事件について、被告乙川修に対する訴状等の送達が不能となっておりますが、下記理由により同被告に対する送達は書留郵便に付する送達の方法で、被告住所宛再送達を実施されたく上申します。

記

1　被告乙川修（以下「被告修」という）は日中不在がちであり、就業先は不明であることから、通常の方法で送達することが困難である。
2　被告修の住民票及び調査報告書から、現在も被告修の住民票上の住所地に居住していることが明らかである。

添　付　書　類

　　　　　1　住　民　票　　　　　　1通
　　　　　2　調査報告書　　　　　　1通

第 5 章　訴訟

【付郵便上申に添付する調査報告書の記載例～調査報告書】

調査報告書

東京地方裁判所　民事第 58 部ヘ係　　御　中

　御庁係属平成 28 年（ワ）第 123456 号　建物明渡請求事件の被告乙川修につき、その送達先住所について以下のとおり現地調査を実施したのでその結果を報告する。

調査実施日　平成 28 年 10 月 26 日午後 1 時・27 日午後 6 時
調査場所　　埼玉県和光市和泉街 2 丁目 3 番 8 号（乙川修の住民登録上の住所地）

１．調査事項
(1)　表札
　　本件住所地には（写真 1）記載の戸建て住宅が存在し、その門柱には「乙川」の表札が掲げられている（写真 2）。
(2)　郵便受けの状況
　　玄関横には郵便受けがあり、ここには対象者本人とその家族と思われる名前が「乙川修」「花子」「大介」と記載されているのが確認された（写真 3）。また郵便受けは郵便物が溢れている様子はなく、定期的に郵便物が持ち出されている様子が伺えた。なお、郵便受けの中には、外側から宛名の見えるものが数通あり、宛名に「乙川修　様」と記載されていた、和光市水道局からの手紙が確認できた。
　　郵便受け横には新聞受けがあり、26 日には何もなかったものが 27 日の現地調査の際には日刊紙の夕刊と思われるものが入っているのが確認できた（写真 4）。
(3)　電気・ガスメーター
　　電気メーターは 26 日にはメーターの動きが確認できなかったが、27 日には家電製品などの待機電力と思われる動きが確認でき、電気メーターの数値も「2489」が 27 日には「2491」に増えていることが確認された（写真 5、6）。早い速度で回転しており、誰かが在宅していたと考えられた。また、ガスメーターの利用状況は不明であるが、開栓されていることは確認された（写真 7）。
(4)　呼び鈴への応答
　　両日とも数回、呼び鈴を押したが、誰も出てこなかった。
(5)　室内外の状況
　　戸建て住宅であるが雨戸は閉まっておらず、27 日には 2 階の一室に明かりがついている状態が確認できた（写真 8）。また、27 日には玄関脇にゴミ袋と思われるものが出されているのも確認できた（写真 9）。
(6)　近隣への聞き取り
　　26 日に、表札に「山田」とあった隣家の呼び鈴を押したところ、40 代くらいの女性が応対に出た。「隣の乙川さんのご主人様に用事があってきたのですが、留守のようで、日中はいらっしゃらないのでしょうか？」と聞いたところ、「修さんのこと？」と聞き返されたため「修」本人が居住していることはうかがえた。しかしその後は非常に不審な様子を示し警戒をされたため、それ以上の事情を聞き取ることはできなかった。
　　両隣の家は両日とも留守であり事情を確認できなかった。

２．所見
　　以上の諸事情により、被告自身が本件建物に居住していることは明らかであるので、本件訴訟についてはその訴状を付郵便にされたい。

平成 28 年 8 月 28 日

原告訴訟代理人　中西　靖雄　

【公示送達の上申書の記載例～公示送達申立書】

平成28年（ワ）第123456号　建物明渡請求事件
原　　告　甲　山　巧　美
被　　告　乙　川　太　郎　外1名

公示送達申立書

平成28年11月2日

東京地方裁判所　民事第58部へ係　　御　中

　　　　　　　　　　　　　　原告訴訟代理人
　　　　　　　　　　　　　　弁　護　士　　中　西　靖　雄

　頭書事件について、被告乙川修（以下「被告修」という）に対する訴状等の送達が不能となっておりますが、調査報告書のとおり被告修の住所、居所、勤務先その他送達するべき場所が知れないため、通常の方法による送達をすることができませんので、公示送達の方法により送達されたく申し立てます。

　　　　　　　　　　　添　付　書　類
　　　1　不在住証明書　　　　　　　　　1通
　　　2　住民票（前住所）　　　　　　　1通
　　　3　内容証明郵便（不達）　　　　　1通
　　　4　調査報告書　　　　　　　　　　1通

第5章　訴訟

【公示送達上申に添付する調査報告書の記載例〜調査報告書】

調査報告書

東京地方裁判所　民事第58部へ係　御　中

　御庁係属平成28年（ワ）第123456号　建物明渡請求事件の被告乙川修につき、その送達先住所について以下のとおり現地調査を実施したのでその結果を報告する。

調査実施日　平成28年10月26日午後1時・27日午後6時
調査場所　　埼玉県和光市和泉街2丁目3番8号（乙川修の住民登録上の住所地）

1．調査事項
(1)　表札
　　本件住所地には（写真1）記載の戸建て住宅が存在したが、その門柱には表札が掲げられておらず、表札があったと思われる窪みがあった（写真2）。
(2)　郵便受けの状況
　　玄関横には郵便受けがあったが、郵便物やチラシ広告などが溢れている状態で、一部は玄関先に落ちて散乱している状況であった（写真3）。この散乱している郵便物には宛名に「乙川修　様」と記載されていた封書が多数あり、その中には「霞ヶ関クレジット」などいわゆるクレジット会社、サラ金からの督促状と思われるものが見られた（写真4）。
(3)　電気・ガスメーター
　　電気メーターは26日、27日とも全く動きがみられず、両日ともメーターの値は「2489」と変わらなかった（写真5、6）。ガスメーターの利用状況は不明であるが、開栓されていることは確認された（写真7）。
(4)　呼び鈴への応答
　　両日とも数回、呼び鈴を押したが、誰も出てこなかった。
(5)　室内外の状況
　　26日は日中の時間帯であるにもかかわらず雨戸が閉まっており（写真8）、27日は夜の時間帯であるが室内の電灯はもちろん、玄関先をはじめ明かりがついている箇所はひとつもなかった（写真8）。また、26日に庭先にあるのが確認できた大量のゴミ袋と思われるもの（30リットルサイズで合計7つ）は27日も同じ場所にあり、近くで見ると土埃や雨を被っている状況であった（写真9）。
　　敷地内を可能な限り回ってみたが、生活に必要となる物品は何一つ見当たらず、勝手口のドアノブも埃まみれになっている状態であった。
(6)　近隣への聞き取り
　　26日に、表札に「山田」とあった隣家の呼び鈴を押したところ、40代くらいの女性が応対に出た。「隣の乙川さんのご主人様に用事があってきたのですが、留守のようで、日中はいらっしゃらないのでしょうか？」と聞いたところ、「お隣さんは引っ越したみたいね、見ないわ」との返答を得られた。「いつ頃かわかりますか」と尋ねたところ「もう3か月以上前から見ないわね」との返答が得られた。しかしその後は非常に不審な様子を示し警戒をされたため、それ以上の事情を聞き取ることはできなかった。
　　両隣の家は両日とも留守であり事情を確認できなかった。

2．所見
　　以上の諸事情により、被告自身が本件建物に居住していないことが明らかであるので、本件訴訟についてはその訴状を公示送達されたい。

平成28年10月28日

原告訴訟代理人　中西　靖雄　

8 口頭弁論

いよいよ第1回の口頭弁論期日が目前に迫ってきました。被告から答弁書も出てきたので、今日は甲山さんを呼んでの打合せになります。

中西　「どうやら、相手方に代理人が就いたようです。」
甲山　「中西先生、この訴訟は勝てますか。負けませんよね。」
中西　「勝訴するかは最終的には裁判所の判断ですが、本件の証拠は堅いですからね。」
甲山　「中西先生、たまには絶対に勝つと言ってくださいよ。」
中西　「……」
甲山　「乙川に弁護士がついたということは、最後まで徹底抗戦されて、判決になるのですか？」
中西　「それはわからないです。賃料滞納の事案ですから、少しでも有利な条件での和解を目指してくるのかもしれません。」
甲山　「それって、滞納賃料は踏み倒すとかですか。」
中西　「そういうわけではないですが、ただ、あの部屋の明渡を強制執行でやろうとするとそれなりに費用はかかりますから、その分を踏まえて債務の減額は求めてくる可能性はありますね。」
甲山　「そんな暗くなる話ばかり、少しは私を元気づける明るい見通しも話してくださいよ…」
中西　「……」

1. 第1回口頭弁論期日前

判決を目指す場合には、被告から提出された答弁書の検討に注力します。有効な反論があるのか、もしある場合には再反論も考え、追加証拠の準備なども行います。

賃借人の代理人に弁護士が就任したということであれば、感情論を抜きにしたそろばん勘定の交渉ができる可能性があります。裁判所という舞台設定の上で早期の和解を目指すのであれば、第1回期日前に積極的に和解の協議調整に入ることも検討します。訴訟提起した原告側から被告代理人に和解の打診をするのは抵抗があるかもしれませんし、被告がこちらの足下を見るような結果になる懸念もあります。このあたりはさすがに弁護士としての経験が必要（ものを言う）な場面だとは思いますが、早期の明渡実現を目指すのであれば、第1回期日までの期間は無駄にはしたくないところです。

2. 第1回口頭弁論期日

いよいよ第一回口頭弁論期日です。

(1) 判決を目指す場合

一回結審の実現を目指します。証拠調べができるように、書証などの原本は必ず持参をしていきます。賃料滞納以外にこれといった争点がないということが被告の答弁書でも明らかならば、原告本人や賃貸管理会社の陳述書なども用意し（第1回期日に先だって追加で）証拠提出をして、裁判官が判決を書くことができる材料を調えておきます。その上で、「判決を求めること」を強く裁判官にも申し出て弁論終結にしてもらうように説得をします。

仮に裁判所が和解を強く薦めてきた場合には、弁論を終結させた上で、期日外で和解協議を行い、もし和解ができるようなら判決言渡前に和解期日を入れるようにしてほしいなどとして、とにかく弁論の終結と判決言渡期日の指定まではしてもらうように押し切ることを目指します。

(2) 早期の和解を目指す場合

賃料滞納（債務不履行）を原因とする建物明渡の事案であり、大きな争いがないケースであれば、かなりの割合で裁判所が和解による解決の是非を当事者双方に問うてきます。和解交渉を有利に進めようと企図して「考えなくもないが…」などと渋る交渉手段もありますが、早期に明渡を実現したいというのであれば、積極的に和解の流れを取り込んで、かつ和解成立のイニシアチブを取る方が得策の場合が多いです。

裁判所から和解の意向確認がなされたら「早期解決が実現されるなら和解する」という大前提の前置きをした上で、具体的な和解条件についてもその場で提示をすることが効果的な場合が多いです。例えば「来月末明渡、滞納賃料は月額10万円ずつ分割、これが無理なら和解はできない」と具体的な条件提示をします。この条件が不合理なものでなければ、これをたたき台にして裁判官に被告に対して和解するかどうかの打診をさせるという流れを作ることができます。本人訴訟の場合、裁判官からの説得はかなり大きな効果があるため、こちら側の意図に沿った和解がその場で成立することもあります。

出廷した賃借人が激高したり、騒いだりする場合もありますので、そのような場合にまで、無理に和解交渉を進める必要はありません。和解交渉をすること自体が逆に対立感情を煽ったりして、立退きの実現を遠ざけることもあります。依頼者に賃借人の状況をよく説明した上で、裁判上の和解はいったん諦め、債務名義（判決）を早期に取得する方向に切り替えるようにします。また、裁判官に対しても、早々に弁論を終結するよう求め、判決言渡期日の指定を受けるようにします。裁判上の和解よりは明渡の実現までに時間を要してしまいますが、債務名義を取得し、強制執行という強力な後ろ盾を使いながら、任意の明渡交渉を行う機会はまだあります。

(3) 弁論が終わったあと

仮に第1回期日で和解成立にまで至らなかったとしても、裁判期日は出廷した賃借人本人と会って直接に話ができる貴重な機会です。弁論が終わったからとさっさと帰るようなことはせず、法廷の外廊下などで賃借人を待ち受けて、話をするように心掛けるべきです。

この段階での交渉は、「和解ができなければ判決が出る」という後ろ盾がありますので、任意の交渉より事実上の強制力が働きます。勝訴判決が言い渡された場合の確定判決の意義、未払賃料に遅延損害金が発生する事実、強制執行となった場合の執行費用の加算等、裁判手続を経たことによる賃借人の不利益を説明し、早期に任意で明渡をすることが、双方にとって利益になることを強く説明するようにします。

被告との直接の和解交渉の中では、引越できそうかどうか（期間、経済状況）、未払賃料の支払意思と具体的な返済可能条件、保証人との連絡の有無等の和解条件を詰めるために必要な情報は必ず聞き出すようにします。

裁判所の廊下での立ち話には限界がありますので、期日間での交渉を継続できるように、連絡の取れる携帯電話番号や、転職している場合には現在の勤務先、本人不在の時に伝言を伝えられる同居親族の情報などについても聞き出すようにします。賃借人が代理人を選任していない場合には、第1回の口頭弁論期日に出廷したきり、全く連絡がとれなくなることも多くありますので、被告本人との連絡手段は確実に聞き出すようにします。

和解ができず判決・強制執行になったときも想定して、同居人の有無や対象物件の現況、とりわけ、廃棄が必要な大型の動産や取外しが困難な建具等があれば、その種類、数量等の情報を可能な限り聞き出すようにします。

和解は相互の譲歩で成り立つものですから、被告の言い分もある程度は受け入れないといけないのはいうまでもありません。いくら判決を後ろ盾にしていても、原告の希望だけを一方的に押しつけては和解もまとまりません。被告の希望も代理人として受け止めて、原告に了解を取り付けてくるようにする「だから、次回期日までには和解をまとめましょう」という姿勢で被告の和解する気を引き出すことも重要になってきます。

いずれにせよ、次回期日までのまでの限られた時間の中で、被告との和解協議、原告（依頼者）との調整も重ねながら、第2回口頭弁論期日前に、和解を成立させるか、和解は無理として弁論を終結し判決を得るかの結論を出すようにします。また、どちらの場合であっても、裁判所の担当書記官には状況を報告するようにします。和解ができる見通しなのであれば事前に和解条項案を作成して書記官に送付することも必要です。

保証人だけが出廷し、賃借人は出廷しない場合もありますが、そのような場合は保証人から上記の内容や賃借人の状況等、わかる範囲で明渡の見通しを尋ね、必要な情報を集めるようにします。

第5章　訴訟

【早期和解を目指すなら〜第1回期日でやるべきこと】

□ 期日に先だって依頼者との間で和解の条件（受け入れられる幅）を詰めておく
□ 裁判官に和解の意向があることを伝え、原告が考える和解条件も示し、和解のイニシアチブをとる
□ 想定している幅に収まるならばその場で和解が成立できるように裁判官を介して被告の説得を試みる
□ 第1回期日で和解成立にならなかったときは、弁論終了後にその場で被告を捕まえて直接話し合いをする
□ 被告との話し合いの中では、被告の現状や建物内の状況など、万一の強制執行に備えて役立つ情報についても可能な限り聞き出す
□ 被告と連絡先を交換し合い、継続して和解交渉ができる環境を整える
□ 被告を和解した方が得だという気にさせる話し合いをする

3. 弁論準備

　大きな争点がない建物明渡の事案では、裁判官もなるべく和解での決着を図ろうとするため、第2回期日からは弁論準備手続に付して和解含みの進行に持ち込もうとするケースが多くあります。

　進行にあたっての基本は第1回期日の説明と変わることはありません。早期の和解決着を目指すのであれば期日間の交渉も積極的に行いますし、判決を目指すのであれば必要な証拠の提出（追加）や反論主張なども前倒しで進めるようにします。

4. 相手方に代理人が就いている場合

　弁護士であれば賃貸人が和解するメリット、デメリットは十分わかっていますので、和解交渉も都合よくに進まなくなります。しかし、被告が強制執行で夜空の下に放り出されるような事態は回避しようと考えますから、最終的にはどこか落としどころで収めようとするのが通常です。もともと回収見込みの低い滞納賃料をどこまで減免し、その代わりに明渡日をどこまで前倒しできるか、このあたりの交渉になっていくと思います。代理人同士であれば、感情問題は排除して、経済的合理性に基づく和解協議ができるようになるので、落としどころさえ見いだせれば解決は早くなるといえます。

　相手方に代理人が就いて事実関係を争う（明渡そのものを争う）という場合には、準備手続の中で早期に争点を明確にし、主張を尽くして早めに証拠調べに進むようにします。

9 和解

1. 和解成立まで

　準備手続や期日間の和解交渉が実り、和解成立のための基本的な方向性が見いだせたときは、和解条項案を作成して相手方と裁判所に提示するようにします。最終的な和解条項は、裁判官が確認の上で書記官が作成しますが、どのような内容で和解するのかについて事前に裁判所に提示することで、和解期日（弁論準備期日）の和解成立がスムーズに行われるようになります。

　和解条項に盛り込む事項の基本は以下のとおりです。

【和解条項に盛り込む事項】

```
１．建物明渡に関する条項
□賃貸借契約の終了の確認（終了時期）
□建物明渡義務（給付条項）と明渡期限
□明渡期限までの明渡猶予
□明渡遅延の場合の違約金
□残置動産の所有権放棄

２．滞納賃料等支払に関する条項
□滞納賃料等債務額の確認（確認条項）
□滞納賃料等の支払義務（給付条項）と支払方法・支払期限
□一部支払により残額を免除する場合には免除条項
□分割払いの場合には期限の利益喪失条項
□支払遅滞・期限の利益喪失の場合の違約金

３．その他
□連帯保証義務の確認
□仮処分にかかる担保金の取戻しへの同意等

４．一般条項
□その他の請求の放棄
□清算条項
```

　細かなところで合意に至っていないという場合でも、大筋の和解案を提示し、「滞納賃料等の返済につき毎月の分割額（原告の希望は最低10万円、被告の要望は5万円以下）につきなお調整中」などというコメントをつけて留保付の和解案を裁判所に提示するということも考えます。この一点の調整がつけば和解が成立するという状況だということを裁判官に認識させておけば、次回期日のその場で裁判官が相手方を説得するなりして和解を

成立させるように動くことも期待できることがあります。

2. 裁判所の和解勧告案

　期日間の和解協議などによってもどうしても折り合いがつかないという場合、裁判官に直接電話をつないでもらい、これまでの和解交渉の経緯と原告の希望などを伝え、「裁判所から和解勧告案を出してほしい」という打診をすることも検討します。

　裁判所からの勧告案は、相手方（賃借人）を説得するというだけでなく、依頼者（賃貸人）を納得させるという手段としても使えます。次回の和解期日前に書面で出してほしいという希望を受けてくれる裁判官もいます。その勧告案を示して期日前に依頼者との最終的な協議をし、「裁判所からこの内容で和解するようにといわれている。この内容で難しいなら判決になる可能性もある」と説明することで、和解成立に向かうこともあります。

3. 当事者の同行

　予め依頼者との打合せの中で確認できている和解条件の幅の中に収まっているならば、あとは代理人に委ねるということの了解をもらって和解協議を進めれば足ります。しかし、あと一歩で和解成立なのに、依頼者がどうしても納得しない、などという場合もあります。そのような場合は、2.の和解勧告案を活用するか、和解期日（弁論準備期日）に依頼者本人を同行させるようにします。

　どうしても都合がつかないという場合には、携帯電話なりの連絡手段を確保して、和解期日のその場から電話をして話ができるような段取りを取っておきます。事前に依頼者からもらっていた「枠」に収まらない条件だが、和解する価値はあるという和解条件が出てきた場合には、その場で依頼者本人の意向確認をして了解を取り付けることが必要になるからです。

　当事者本人が同席していれば、最後の一押しを裁判所がすることも期待できます。弁護士が一所懸命に説得をしても応じなかったのに、「裁判官にそこまでいわれるならもう仕方ない」と依頼者が和解条件を受け入れることはよくあります。依頼者の利益を最大限図ることは重要ですが、そのために和解がご破算になるのは本末転倒です。また、その場で依頼者が了解すれば、持ち帰って依頼者と検討してさらに次の期日、という時間も短縮することができます。

4．和解の成立

(1) 和解成立

　和解が成立することになると、書記官も同席して裁判官が和解条項案を読み上げて確認をします。依頼者を同行しているときは、必ず依頼者も同席させて、最終確認をさせます。

　依頼者によっては、和解成立に際して「書面に判子を押さなくてもいいのですか？」と不安がる人もいます。裁判所の和解なので当事者の署名などは要らないことや、和解調書は裁判所の印が押された公的な書面となってでき上がってくるので心配ないことを伝えます。

(2) 和解調書

　和解成立から数日で和解調書ができ上がります。和解成立時に書記官から送達をどうするか聞かれますので、裁判所に受取りに来るのか、郵送してもらうのかを答えます。原告側は裁判所に来て受け取る方が一般的です。被告が本人訴訟の場合には、送達してもらうように依頼し、和解の席で被告にも「裁判所から和解調書が送られてくるので必ず受け取ってください」と念押しをしておくようにします。

　なお郵送の場合、郵券不足で追加を求められることもありますので、可能ならその日のうちに納付して確実に送達できるようにします。

(3) 仮処分供託金

　訴訟に先だって占有移転禁止の仮処分をしている場合は、和解の成立によってその担保金の取戻しが速やかにできるようにしなければいけません。和解条項の中に担保金の取戻しについての相手方の同意と、担保取消決定についての抗告権の放棄の条項を忘れずに入れるようにします。

【和解条項の一例】

和解条項

1　原告と被告らは、別紙物件目録記載の建物（以下「本件建物」という）に関する原告と被告乙川太郎の間の平成23年3月15日付け建物賃貸借契約が、平成28年6月24日、解除されたことを確認する。
2　被告乙川太郎は、原告に対し、平成28年12月22日限り、本件建物を明け渡す。
3　原告は、被告乙川太郎に対し、平成28年12月22日まで本件建物の明渡を猶予する。
4　被告らは、原告に対し、連帯して、未払賃料等合計金85万4333円及び平成28年6月24日から12月22日迄の賃料相当損害金65万7418万円の合計151万1751円の支払義務があることを認める。
5　被告らは、原告に対し、前項の金員を以下のとおり分割して原告指定の金融機関口座（ひまわり銀行・霞ヶ関支店・普通預金口座・番号1234567・名義：弁護士中西靖雄預かり口）に振込送金して支払う。送金手数料は被告らの負担とする。
　(1)　平成28年12月から平成29年9月まで毎月末日限り各5万円
　(2)　平成29年10月末日限り金101万1751円
6　被告らが前項の分割金の支払を2回分（合計10万円）以上怠ったときは、被告らは期限の利益を喪失し、原告に対し、第4項の金員から前項による支払済みの金員を控除した残額及び、うち未払賃料等合計金85万4333円にかかる未払金に対する年10％の割合による遅延損害金を直ちに支払う。
7　被告乙川太郎が、第2項による本件建物の明渡を完了し、かつ、被告らが前項(1)の支払を期限の利益を喪失することなく支払ったときは、原告は被告らに対し(2)の金員の支払義務を免除する。
8　被告乙川太郎は、原告に対し、本件契約の敷金返還請求権を放棄する。
9　被告らは、本件建物の明渡後本件建物に残置した一切の動産について、その所有権を放棄し、原告の処分に異議を述べない。
10　被告乙川太郎が、第2項の期限内に本件建物を明け渡さなかった場合、被告らは、原告に対し、平成28年12月23日から本件建物の明渡済みまで1か月20万円の割合による遅延損害金を支払う。
11　原告はその余の請求を放棄する。
12　原告と被告らは、本件和解条項に定めるもののほか、何ら債権債務がないことを相互に確認する。
13　被告らは、原告が本件建物ついてなした占有移転禁止仮処分命令（東京地方裁判所　平成28年（ヨ）第345号）について、東京法務局平成28年（金）第678号をもって供託した供託金80万円を取り戻すことについて同意し、原告及び被告らは、前項の取消し決定に対し抗告しない。
14　訴訟費用は各自の負担とする。

　＜物件目録＞　省略

10 判決・控訴

1. 判決言渡

　和解が成立しない、あるいは当初から判決獲得を目指す場合には、早めに証拠調べ手続に進めてもらうなりして判決を出してもらうようにします。賃料滞納事案であれば証人尋問などを経ずに早期の判決言渡がされるケースが多いです。

　判決言渡期日には出廷する必要はありませんし、依頼者対応などの事情がなければ代理人が出廷するケースは稀です。言渡がされたであろう以降に、書記官に電話を入れて念のために結論を聞くようにすれば足ります。

2. 判決言渡後～強制執行へ

　予定どおりに勝訴判決（明渡認容）が出ていれば、強制執行手続の準備を進めます。書記官に電話をして被告への訴状の送達日を確認します。これで控訴期限も確定しますので、送達証明、確定証明、そして執行文付与をそれぞれ申請して取得します。控訴期限の 14 日間のうちに強制執行の申立準備（申立書の起案、依頼者からの委任状の交付など）を済ませておくことで、時間を無駄にしないようにします。

【判決言渡後の手続】

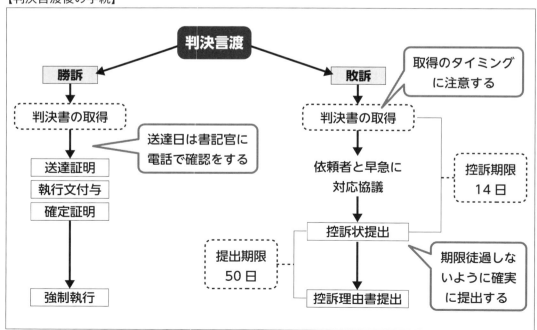

3. 判決言渡後～控訴

(1) 控訴状の提出

予想に反して請求棄却判決が出てしまったような場合には、依頼者と早急に協議をして控訴するかしないかを決め、控訴するとなれば控訴状を期限内に提出をしなければなりません（依頼者が諦めれば別です）。控訴費用、委任状などの用意もします。

敗訴原因の分析（判決理由の精査）と、それに対する主張を検討して控訴理由を起案するのには時間がかかりますが、控訴の場合にはまず控訴状だけ提出すれば足ります。控訴理由書の提出は、控訴状提出から50日となっておりますので、まだまだ時間はあります。控訴期間の徒過などということになると弁護士として懲戒にも該当しますので、まずは定型的な控訴状の提出だけは忘れずに期限内に行います。

(2) 控訴手続

控訴は控訴状に添付書類を添えて、第1審の係属部（判決を出した部）に提出をします。直接高裁の窓口に持参をしても受理されませんので注意してください。すでに原審で提出をしていても、資格証明書（会社の登記事項証明等）などの添付書類は改めて新しい原本を提出する必要があることにも注意します。

印紙と郵便切手（または郵券代）の納付も第1審と同じですが、控訴手数料は第1審の1.5倍になりますので、依頼者にも間違えずに実費費用の説明をするようにします。ただし、印紙代の算出においては、原審の不服部分に限ります。建物明渡請求は棄却されたが、未払賃料の支払請求は認容されたという判決であれば、建物明渡請求の訴額についてのみの計算となります。

【控訴に際して提出するもの】

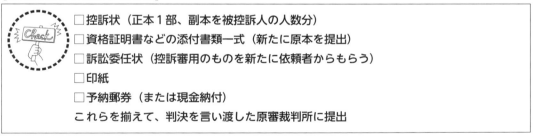

□控訴状（正本1部、副本を被控訴人の人数分）
□資格証明書などの添付書類一式（新たに原本を提出）
□訴訟委任状（控訴審用のものを新たに依頼者からもらう）
□印紙
□予納郵券（または現金納付）
これらを揃えて、判決を言い渡した原審裁判所に提出

(3) 控訴期限の注意

控訴期限は、判決書を受け取ってから14日になります。正確にいうと判決書の送達を受けた日の翌日から14日間（民訴285条1項）です。

控訴期限は「不変期間」のため、依頼者との打合せ日程が取れないとか、長期の休日が挟まるようなことで提出期限に間に合わなくなる危険があります。特に判決言渡が年末差し迫った時期や5月の大型連休前だと、控訴対応に窮することになりかねません。

【控訴状提出期限には気をつける】

　裁判官によっては、年内のうちに懸案は決着をつけたいと考えて年末ギリギリに判決言渡期日を設けることもあります。しかし、年末差し迫って判決の送達を受けてしまうと、依頼者との打合せ日程も取れない、必要書類（資格証明書等）を取ろうにも法務局が開いていない、起案の日程も確保できないという窮地に立たされることにもなりかねません。上記の例で仮に送達を12月28日に受けてしまうと、控訴状の提出期限は年明け1月11日（成人の日）になるので、夜間受付に提出するしかなくなります。平日に控訴状を提出しようとすると1月8日（金）に提出しなければならないことになります。

　いくら控訴状自体は定型的な書面で済むとはいっても、これでは落ち着いた年越しもできません。場合によっては判決書の送達を遅らせるなどの良くも悪くも柔軟な対応を検討する必要も出てきます。判決の結論を書記官にまず電話で確認するのは、このような事態に備えての極めて実務的な意味合いもあります。

第6章

強制執行（明渡）

1 申立前の任意交渉

　明渡を認める判決が確定しましたので甲山さんを呼んで、これから先の段取りを説明することにします。強制執行、口で言うのは簡単ですが、実際にやるとなると悩ましい問題があるのです。

甲山　「先生、ついに明け渡せという内容の判決が出たんですね。それでは、とっとと乙川さんを追い出してください。」

中西　「強制執行をするということですか？」

甲山　「ええ、そのための判決ですよね！」

中西　「確かに、判決が出た以上、強制的に賃借人を追い出すことはできますが、強制執行するには、多額な実費がかかるとお話ししましたよね。」

甲山　「えっ、そんなに費用がかかるんですか？」

中西　「執行官への申立費用等の実費だけでなく、部屋の荷物を取り除くための人員に対する費用、運び出した荷物を運搬するためのトラックの費用、荷物を一定期間保管しておくための倉庫費用等、いろいろかかるんですよ。」

甲山　「実際、どれくらいになるんですか？」

中西　「取り除く荷物の量によって費用は変わりますが、50万以上の費用がかかることも珍しくはないんです。」

甲山　「そんなに！　でも、その費用は、もちろん賃借人が支払ってくれるんですよね？」

中西　「まずは、大家さんの方でその費用を立て替えなければなりません。その後、最終的に賃借人にその費用を負担させることもできますが、家賃の支払すら困難な賃借人がそのような費用を負担できるとは考えにくいので…」

甲山　「まさか、私が自腹を切る羽目になるんですか？」

中西　「まあ、そうなるのが一般的です。」

甲山　「そんな……」

中西　「だから、判決が出たからといって即時に強制執行するのではなく、執行費用をかけずに任意に立ち退いてもらうようにまずは賃借人と話をしてみましょう。判決が出ている以上、賃借人も最終的には強制的に追い出されてしまうことを自覚しておりますので、今までよりも任意に立ち退く可能性は高いといえますよ。強制執行はその後でも間に合うと思います。」

甲山　「わかりました。それでは、まずは任意の話をしてみてください。」

第6章 強制執行（明渡）

1. 明渡の強制執行の手続の流れ

　強制執行で建物の明渡をする場合でも、任意交渉をあわせて行うことが一般的です。最初から埒があかない賃借人ならともかく、強制執行は費用がかさむので、明渡の断行の直前まで自発的な退去を賃借人に求めることで、依頼者の経済的負担を軽減することもできます。

　そのため、実務の現場での強制執行までの流れは、任意交渉を織り交ぜて以下のようなものとなるのが一般的です。

2. 申立前の任意交渉

(1) 任意交渉する意義

　裁判の結果、ようやく債務名義（判決書や和解調書）を獲得しました。次は、債務名義の内容を実現すべく、賃借人を退去させることになります。

　債務名義を獲得した以上、強制執行によって債務名義の内容を実現させることは可能ですが、強制執行をいざ行う場合、申立実費（印紙代や予納金）や執行補助者の費用等、強制執行に要する費用は高額になることが一般的です。いわゆる引越程度の費用を念頭に置いている賃貸人は、実際に強制執行にかかる費用を知ると、その高さに驚くのが常です。

　法律上、強制執行に要する費用を賃借人に負担させることも可能ですが、賃料すら支払えない賃借人において、かかる強制執行に要する費用を負担させることは大変困難です。ほとんどの場合は、賃貸人が自腹を切って執行費用を負担することになりますので、賃貸人としては泥棒に追銭に近い感覚を持ってしまいます。家賃も回収できず、さらに立退き費用まで負担させられるという経済的損失は、可能な限り軽減させることが弁護士にとっての顧客満足度にも直結します。

　そのため、まずは賃借人との間で、債務名義をもとに建物明渡交渉を行う検討をします。判決があるので賃借人にとっても「自発的に退去するか、強制的に退去させられるか」の二者択一を迫られる状態になります。ですので、裁判前の任意交渉では明け渡さなかった賃借人においても、判決が言い渡された場合には任意交渉に応じて任意に退去するケースも多くあります。債務名義獲得後も、まず一度は任意交渉をする価値はあるのです。

(2) 任意交渉

　任意交渉とはいえ、債務名義を獲得済みですので、これまでより強い態度で交渉に臨めます。

　具体的には、債務名義を既に獲得しているため、賃借人が任意退去しない場合には強制執行という手続により強制的に退去させられることを賃借人にしっかりと認識させるようにします。「（自発的な退去が）嫌なら構わないし、無理強いはしない」、「ただ、強制的に明渡をするのは時間の問題」というような話になっていくといえます。退去をお願いするわけではなく、「自分の置かれた状況をよく考えてね」という姿勢で賃借人との話し合いを進めることができるはずです。強制的な明渡までカウントダウンが始まっているという

ことを伝えた上で、何時までに退去するという確約を取り付けましょう。

　なお、賃借人の任意退去を促すため、賃貸人と相談の上で、未払賃料を免除したり、退去費用を一部賃貸人において負担するという交渉方法もあります。既存の債務を免除することは、もともと回収可能性が低いのですから取りやすい手段ですが、退去費用をさらに支出するとなると賃貸人もそうは納得しないものです。事案にもよりますが、最後の最後のカードという意識でいる方がよいかと思います。

　交渉手段としては、電話でのやりとりや書面（手紙）でのやりとりが一般的です。そのためにも、賃借人や保証人が裁判の際に出頭したときには、確実に連絡先（特に携帯電話）を聞き取り、自分の名刺を渡すなどをしておきます。

(3) 合意書の締結

　債務名義取得以後については、強制執行がいつでも実施できることから合意書を締結する意義は乏しいといえます。

　もっとも、①未払賃料を一部免除することをもって賃借人に自主的に退去を促す場合や②物件内に賃借人以外の所有物が置いてあることが想定される場合などは、合意書を締結するメリットもあります。なぜなら、①の場合は、賃借人においても、未払賃料を免除してもらう旨を書面に残してもらった方が安心ですので、賃借人の自主的退去を促す効果がありますし、②の場合は、物件内に賃借人以外の所有物が残置されていた場合は、後述する売却処分が実施できないこともあるため、物件内の他人所有の動産につき、賃借人の責任において搬出させるためです。

　合意書を締結する際には、強制執行を猶予すると受け取られる条項などは記載しないよう注意が必要です。

【明渡を約束させる書面の記載例～明渡約定書】

明渡約定書

賃貸人甲山巧美 殿

　貴殿から賃借していたかすみマンション401号室（千代田区霞が関1丁目1番3号）については、平成29年1月13日に明渡を命ずる判決が出ましたので、次のとおり明渡をいたします。

記

(1) 明渡日　　平成29年2月28日限り
　　　　　　　同日までに建物内の動産類を撤去し移転の上、鍵を返還します
(2) 残置物　　上記の明渡日においても建物内に残置されていた動産類があるときは、その所有権を放棄し、貴殿が廃棄その他の処分をすることに異議を述べません。

平成29年2月8日

　　（賃借人）　　東京都千代田区霞が関1丁目1番3号かすみマンション401

　　　　　　　　　　　　　　乙川　太郎

※「合意書」ではなく、賃借人から一方的に取り付ける形式の例
　明渡日と残置物の所有権放棄の約定を書面で約束させることに意味がある

【明渡を合意する書面の記載例～合意書】

合　意　書

　賃貸人：甲山巧美（以下「甲」という）と賃借人：乙川太郎（以下「乙」という）は、甲乙間の後記表示の賃貸借物件（以下「本件建物」という）にかかる賃貸借契約（以下「原契約」という）に関して、以下のとおり合意した。

第1条　甲と乙は、原契約が平成28年6月24日に解除され、本件建物について、乙が何らの占有権原を有しないことを確認する。

第2条　甲は、乙に対し、本件建物の明渡を平成29年2月28日まで猶予し、同日までは、東京地方裁判所平成28年（ワ）第123号建物明渡等請求事件の執行力ある第2回口頭弁論調書（判決）に基づく強制執行はしない。

　2　乙は、甲に対し、平成29年2月28日限り、本件建物を明け渡す。

第3条　甲と乙は、前条による乙の明渡が履行されたときは、乙の甲に対する未払賃料及び使用料相当損害金の支払について、別途協議し、甲は当該金員の一部を免除することも検討する。同協議が整わなかった場合または乙が前条の期限までに本件建物の明渡をしなかったときは、甲は、乙に対し、東京地方裁判所平成28年（ワ）第123号建物明渡等請求事件の執行力ある第2回口頭弁論調書（判決）に従って、前条の未払賃料及び使用料相当損害金の支払を請求できる。

第4条　甲は、乙が第2条2項の期限までに本件建物の明渡を怠ったとき、または、乙が第3条の分割金の支払を怠ったときは、直ちに、東京地方裁判所平成28年（ワ）第123号建物明渡等請求事件の執行力ある第2回口頭弁論調書（判決）に基づく強制執行をすることができる。

第5条　乙は、本件建物明渡後、本件建物内に残置したものについては、その所有権を放棄し、甲らが自由に処分することに異議がない。

本合意の証として本書2通を作成し、甲及び乙が記名押印の上、各1通を保有する。

平成29年2月8日
　　甲　　東京都港区赤坂見附1丁目2番3号　弁護士ビル4階
　　　　　　芳友法律事務所
　　　　　　　甲山巧美代理人　弁護士　中西靖雄
　　乙　　東京都千代田区霞が関1丁目1番3号
　　　　　　　かすみマンション401
　　　　　　　　　　　　　　　乙川太郎

賃貸借物件の表示〔略〕

2 申立て

判決が出たにもかかわらず、依然として賃借人が自発的に退去する状況になければ、腹をくくって強制執行の申立てに進みます。

> **中西**「乙川さんと何度か交渉してみましたが、どうやら任意に立ち退くことはなさそうです。仕方ないですが、強制執行に踏み切りましょう。」
> **甲山**「わかりました。私としても早急に明け渡していただくのが何より先決になってきました。費用がかかることも承知しておりますから、強制執行に踏み切ってください。」
> **中西**「わかりました、では委任状をいただいたらすぐに申立てするようにします。」

1. 資料の準備

任意交渉によっても賃借人が建物から退去しない場合は、遂に、獲得した債務名義をもとに強制執行を行うこととなります。裁判所に強制執行を申し立てるために必要な資料を準備することになります。これらの資料のうち、執行文、送達証明書、確定証明書などについては、現実に強制執行をするのかどうかわからない段階でも、判決をもらったときには機械的に取得する習慣をつけておくのがよいでしょう。

(1) 弁護士が準備する資料

①執行文
②送達証明書
③判決確定証明書
④（当事者に法人がいる場合）資格証明書

①執行文（159頁）

　強制執行を行うためには、獲得した債務名義（判決書）に執行力が現存していることを証明しなければなりません。すなわち、「あなたが獲得した判決書によって強制執行することができますよ」という裁判所のお墨付きをもらう必要があります。債務名義の原本を編綴する事件記録の存する裁判所（基本的には第一審の裁判所になります）に執行文付与申請書を提出して、裁判所書記官に執行文を付与してもらいます。具体的手続については、第一審の裁判所に債務名義を添付した執行文付与申請書を提出することになります。

②送達証明書（160頁）

　強制執行を申し立てるにあたっては、判決を賃借人（被告）も認識している、すなわ

ち、賃借人（被告）も判決によって建物を明け渡さなくてはならないことを承知している必要があります。かかる賃借人（被告）の認識を証明するために、判決書の送達証明書を添付する必要があります。送達証明書も、執行文の付与と同様に、第一審の裁判所に送達証明申請書を提出することで取り寄せることができます。

③判決確定証明申請書（161頁）

　強制執行を申し立てるにあたっては、原則として判決が確定している必要があります。例外として、判決書の「建物を明け渡せ」という主文に仮執行宣言（「この判決は、仮に執行することができる」旨の文言）が付されている場合は、判決の確定は要しません。金銭債務については仮執行宣言がつきやすいですが、特別な事情がある場合でないと建物の明渡に仮執行宣言が付くことは稀です。判決確定証明書は、執行文の付与と同様に、第一審の裁判所に判決確定証明申請書を提出することで取り寄せることができます。なお、判決は、被告が判決書を受領した日から2週間経過した日に確定しますので、予め、裁判所書記官に電話をして判決が確定したかどうか、したなら確定日はいつなのかを確認しておくようにします。

④受書

　上記①から③の各証明書を受領する際に、裁判所から受書を求められますので、受書の準備もしましょう。書式などは後掲のとおりとなります。

⑤資格証明書

　本書の事案では被告（乙川）は個人であり、法人の占有はありませんので資格証明書は必要ありませんが、債務者が法人の場合は資格証明書が必要となります。

(2)　賃貸人に準備してもらう資料

> ①委任状
> ②目的物の所在場所の略図

　賃貸人には委任状と目的物（建物）の所在場所の略図を用意してもらうようにします。もっとも、略図については何でもいい訳ではないので、賃貸人がよくわからないようであれば弁護士が用意した方が無難ともいえます。

①委任状

　強制執行の委任状は訴訟の委任状とは別に提出をしてもらいます。事件の表示も「建物明渡強制執行申立事件」となります。訴訟提起の時点で強制執行しなければ解決しないことが明らかな事案などでは、予め訴訟提起にあたり、強制執行のための委任状も取り付けておくとよいでしょう。

②目的物の所在場所の略図

　目的物の所在場所の略図は、執行官が現地に赴くための説明資料として必要になります。判決についている物件目録などでは「現地」が執行官にわからないことがあります。「略図」と呼びますが、間違いなく現地建物に執行官に来てもらうための案内図になりますので、図面で建物が把握できるものでなければなりません。一般的には住宅地図（建物の名称や所有者なども記載されている）を用意することが多いのですが、最近は縮尺を上げたグーグルマップでも大丈夫なことが多いようです。

【まとめ〜強制執行の申立てに必要となる書類】

- □ 執行力のある債務名義の正本（執行文が付与された判決書）
- □ 判決の送達証明書
- □ 判決の確定証明書
- □ 執行手続の委任状
- □ 目的物の所在場所がわかる略図
- （□ 当事者が法人の場合には資格証明書）

2. 申立書の提出

(1) 申立書の起案

必要資料が揃ったら、いよいよ強制執行の申立てを行います。申立書は、起案するというほどのものでもなく、定型の様式に必要事項（当事者名、債務名義の種類や判決の事件番号等）を記入して、「執行の目的」について「建物明渡・土地明渡」の記載のある欄に「○」をつける程度です（155頁）。

(2) 動産類の差押えの申立て

建物明渡等請求事件の判決においては、滞納賃料または明渡までの使用料相当損害金の支払が命じられていることがほとんどです。金銭債権の回収については第7章で説明をしますが、強制的な回収手段の一つに、債務者所有の動産類の差押えがあります。建物明渡の強制執行をするので、それと同時に室内の動産類を差し押さえて換価し、滞納賃料等の回収が図られるなら一石二鳥です。

債権者は、建物明渡の執行の申立てとともに、上記金銭債権に基づき債務者の動産に対する差押えを申し立てることができます。建物明渡の執行と動産の差押えの申立書は別々に必要となり、予納金も別途必要となります（動産執行の予納金は、請求金額1000万円以下であれば3万5000円、1000万円を超える場合は4万5000円）。

しかし、居住用の建物の場合、ほとんどの動産が差押え禁止動産と定められています。具体例を挙げると、衣服、寝具、台所用品、畳、建具、66万円までの現金、タンス、洗濯機、冷蔵庫、電子レンジ、ラジオ、テレビ（通常のサイズのもの）、掃除機、エアコンなどです。そのため、骨董品や宝石といった換価価値の高い動産があることが想定されているような場合には動産執行の申立をあわせて行う実益がありますが、通常は動産執行をあわせて行う実益はありません。

(3) 管轄

不動産等に対する明渡執行における執行官の職務は、賃借人が占有する不動産等の所在地において実施されることになります。そのため、不動産の明渡執行の申立ては、その職務行為が実施されるべき地を管轄する地方裁判所（すなわち建物の所在地を管轄する裁判所）の執行官に対して行うことになります（執行官法4条）。

(4) 執行費用（予納金）

民事執行手続の迅速処理の必要上、申立人は、強制執行申立の際に執行裁判所が定める

金額を予納しなければならないとされております。また、予納した費用が不足した場合に執行裁判所から予納を命じられたときも、その追加費用を予納しなければなりません。予納金は、執行裁判所が予め設けている予納基準があります。東京地裁民事執行部では現在65,000円ですが、この基準は裁判所ごとに異なるため、執行裁判所の書記官に予納金の額を確認した上で申し立てるようにします。

【強制執行申立書の記載例】

強制執行申立書	受 付 印	
東京地方裁判所　　　　　執行官　殿　　支部　　　　平成29年2月9日	予納金　　　　　65,000円	担当　　　　区

〒162-0088　東京都新宿区中新宿2丁目4番8号

債 権 者　　　　甲　山　巧　美

〒107-0066　東京都港区赤坂見附1丁目2番3号　弁護士ビル4階
　　　　　　　芳友法律事務所

代 理 人　弁護士　　中　西　靖　雄

〒101-0076　東京都千代田区霞が関1丁目1番3号
　　　　　　　かすみマンション401

債 務 者　　　　乙　川　太　郎

執行の目的及び執行の方法
　イ．動産執行（家財・商品類・機械・貴金属・その他）
　㋺．建物明渡・土地明渡・建物退去・代替執行（建物収去等）・不動産引渡
　　　動産引渡・船舶国籍証書等取上・自動車引渡
　ハ．動産仮差押（家財・商品類・機械・貴金属・その他）
　　　仮処分（動産・不動産・その他）
　　　特別法に基づく保全処分

　　　　　　　　　　　　　　　　　　　連絡先　　電話　03-3555-XXXX
　　　　　　　　　　　　　　　　　　　　（担当者　弁護士　中西靖雄）

目的物の所在場所（執行の場所）
　　前記債務者の住居表示のとおり

債　務　名　義

1．東京地方裁判所　平成28年(ワ)第123号
　　第2回口頭弁論調書（判決）正本

請求金額　　金　　　　　　円（内訳は別紙のとおり）

添付書類		1．執行の立会い 　　　有 2．執行の日時 　　　相談希望 3．上記の通知 　　　要 4．同時送達の申立て 　　　無 5．事件終了後、債務名義正本・送達証明書の返還をお願い致します。
1．執行力ある債務名義の正本	1通	
2．送達証明書	1通	
3．判決確定証明書	1通	
4．委任状	1通	
5．目的物の所在場所の略図	1通	
執行証書謄本　債権者・債務者へ交付申立		

	当　事　者　目　録
〒162-0088　　東京都新宿区中新宿２丁目４番８号 債　権　者　　　　　甲　　山　　巧　　美	
〒107-0066　　東京都港区赤坂見附１丁目２番３号　弁護士ビル４階 　　　　　　　　　芳友法律事務所 代　理　人　弁護士　　中　　西　　靖　　雄	
〒101-0076　　東京都千代田区霞が関１丁目１番３号 　　　　　　　　　かすみマンション４０１ 債　務　者　　　　　乙　　川　　太　　郎	
債　務　名　義　の　表　示	
東京地方裁判所　平成２８年（ワ）第１２３号	
第２回口頭弁論調書（判決）正本	

物　件　目　録

所　　在　　東京都千代田区霞が関１丁目１番３号
家屋番号　　１番３号
種　　類　　共同住宅
構　　造　　鉄筋コンクリート造陸屋根５階建
床　面　積　　１階　　　　　　　３２２．２０㎡
　　　　　　　２階ないし５階　　２８５．６０㎡
　　　　　　の４０１号室部分（別紙図面の赤枠部分）

【執行文付与申請書の記載例】

収入印紙
３００円

事件番号	平成２８年（ワ）第１２３号　　建物明渡等請求事件
	執行文付与申請書
当事者の表示	■原告　□債権者　□申立人　　　甲山　巧美 ■被告　□債務者　□相手方　　　乙川　太郎
書類の表示	1　判　　　　決 2　和　解　調　書 3　第２回口頭弁論調書 （■判決・□和解・□その他（　　　　　　　） 4　和解に代わる決定 5　調　停　調　書 6　調停に代わる決定 7　その他（　　　　　　　　　　　　）

　上記事件につき、上記書類の正本に執行文を付与されたく申請致します。

平成29年2月3日

東京都港区赤坂見附１丁目２番３号
原告訴訟代理人弁護士　中西靖雄　㊞

東京地方裁判所民事第58部　御中

【送達証明申請書の記載例】

収入印紙
１５０円

事件番号	平成２８年（ワ）第１２３号　建物明渡等請求事件
\	送達証明申請書

| 当事者の表示 | ■原告　□債権者　□申立人　　甲山巧美 |
| | ■被告　□債務者　□相手方　　乙川太郎 |

| 書類の表示 | 1　判　　　　決
2　和　解　調　書
3　第２回口頭弁論調書
（■判決・□少額訴訟判決・□和解・□その他（　　　　））
4　和解に代わる決定
5　調　停　調　書
6　調停に代わる決定
7　その他（　　　　　　　　　　　） |

　上記当事者間の頭書事件につき、上記書類の正本は、乙川太郎に対して、平成29年1月19日に送達されたことを証明願います。

平成29年2月6日

　　　　　　　　　　　　東京都港区赤坂見附１丁目２番３号
　　　　　　　　　　　　原告訴訟代理人弁護士　　中西靖雄　㊞

東京地方裁判所民事第58部　御中

【判決確定証明申請の記載例】

平成28年（ワ）第123号　建物明渡等請求事件
原　　告　　甲山巧美
被　　告　　乙川太郎

判決確定証明申請

平成29年2月6日

東京地方裁判所民事第58部　御中

原告訴訟代理人
弁護士　中　西　靖　雄

　上記事件について、平成29年1月13日言渡された第2回口頭弁論調書（判決）は、平成29年2月3日の経過により、確定したことを証明していただきたく申請いたします。

3 執行官面接

1. 執行官面接の現場

　強制執行の申立てをはじめてするときに、一番戸惑い不安を覚えるのは執行官面接ではないでしょうか。ある程度の年数が経った弁護士でも執行官室には一度も入ったことがないという人は珍しくありません。執行官室特有の慣行もあるため、一見さんには足を踏み入れにくい雰囲気を覚えるのも事実です。

　そこで、初めて執行官面接をする場合にも戸惑わないように、まずは面接の流れやどのようなやりとりがあるのかを簡単にまとめてみます。

トゥルルル（電話）
中　　西「はい、弁護士の中西と申します。」
執行官室「東京地裁の執行官室ですが、先生から申立があった明渡の件について、申立書の内容を拝見しました。つきましては、面接を行うため2月9日か10日、いずれも午前9時から9時30分の間に執行官室にお越し願えますか。」
中　　西「了解しました」（……どうなるんだろう）

　　　　◆2月10日午前9時・執行官室受付◆
受　　付「面接に来られた方は、受付に立ち寄り、受付票をお取りください。順番にお呼びいたします。」
中　　西「あの、平成29年（執口）第234号事件の件で、面接に来ました……」
受　　付「それでは、受付番号3番でお待ちください。」

　　　　◆同日午前9時10分・執行官室◆
執 行 官「3番の先生どうぞ。」
中　　西（トントン）「失礼します。どうぞよろしくお願いします。」
執 行 官「執行官の氏原です。どうぞよろしくお願いいたします。早速ですが、まずは指定の執行補助者はいらっしゃいますか。」
中　　西「執行補助者、ですか？　いえ、特におりません。」
執 行 官「いらっしゃらないですか。補助者なしで現実の執行どうされますか？先生が荷物の運び出しをする訳にはいかないでしょう。」
中　　西「あ、はい……」
執 行 官「それでは、執行補助者の五嶋社を紹介しますね。同席させましょう。」
中　　西「あ、よろしくお願いいたします…」（執行補助者ってなんだ??）
執行補助者（トントン）「こんにちは、五嶋社の高多です。どうぞよろしくお願いいたします。」

第6章　強制執行（明渡）

中　　西　「こちらこそ、よろしくお願いいたします。」
執 行 官　「先生、ではまずは催告日の日程調整をしましょう。2月17日の午前10時などはいかがでしょうか。」
中　　西　「はい、その日時で大丈夫です。」
執 行 官　「それでは、催告日は2月18日午前10時としましょう。次に、物件の状況はいかがでしょうか？」
中　　西　「申立前に、賃借人と任意交渉しましたが、まだ居住しているようです。」
執 行 官　「賃借人の方はどんな方ですか？」
中　　西　「普通のサラリーマンのような方でした。ご家族で居住しているようです。」
執 行 官　「物件の合鍵はありますか？」
中　　西　「不動産管理会社に確認したところ、合鍵はあるとのことでした。」
執 行 官　「わかりました、合鍵は持参ください。でも念のため、鍵屋さんを呼びますね。」
中　　西　「……わかりました。」（合鍵あるのに呼ぶの？）
執 行 官　「今回は、駐車場の明渡もあわせて行うのね？」
中　　西　「はい。」
執 行 官　「車はまだ置いてある状態ですか？」
中　　西　「不動産業者が確認したところ、車は日中でもだいたい停まっているようです。」
執 行 官　「車の大きさや車種は？」
中　　西　「車の大きさは普通の、5ナンバーのセダン、車種は○○です。」
執 行 官　「わかりました。まずは、催告日に車の大きさ等を実際に確認してみましょう。それでは、以上で面接は終わりますので、催告日にまた。」
中　　西　「あ、ありがとうございました。よろしくお願いいたします。」

　強制執行の申立てを行うと、執行官または執行官室より複数の日程を指定され、執行官との面接が実施されます。もっとも、執行官によっては電話面接で対応してもらえることもありますので、執行官に確認するとよいでしょう。また、上のやりとりにも出てきた執行補助者に最初から依頼をしていると、執行補助者が執行官とのやりとりや日程の調整まで代わりにやってくれます（強制執行手続の場合には弁護士でなくても代理人になれる・民執13条）。
　なお、東京地裁においては、民事第9部（東京地裁3階）において9時から9時30分の間に面接が行われます。

2. 執行官が確認する事項

　執行官面接では、執行催告の期日（原則として申立てのあった日から2週間以内とされております）を調整するほか、強制執行がスムーズに実施されるために、概ね以下の事情の確認が行われます。予め執行官が現場の状況をきちんと把握できるようにすることは、スムーズな執行の実現にとって必要なことです。執行官面接に先だって、現時点での占有状況なども賃貸人や管理会社の担当者から聞き取っておき、執行官にきちんと説明できるようにしてください。

(1) 不動産の占有状況

　賃貸人の占有が継続されているのか、また、賃借人のほかに占有者（たとえば、家族など）がいるのか。

(2) 賃借人の状況等

　強制執行を実施するにあたり、賃借人の状況等を確認する必要があります。たとえば、賃借人が寝たきりという事情があれば、行政の福祉課と連携して強制執行を実施する必要があります。

　また、賃借人が暴力等危害を加えるおそれがある場合は、強制執行を実施するにあたって、他の執行官への応援要請や場合によっては警察官の立会いを要請することもあります。このような場合には後掲の「援助申請の上申」もあわせて行うようにします（166頁）。

(3) 合鍵の有無

　執行官は建物内にも立ち入る権限があり、実際に室内に入らなければ執行もできません。そのためには入口扉の解錠をする必要がありますので、合鍵がある場合は、必ず合鍵を持参することになります。合鍵がない場合は、鍵の技術者を同行し、解錠してもらうことになります。

　もっとも、執行の実務では、賃借人が無断で鍵の交換を行っていたために合鍵があるのに室内に入れず執行ができないなどという事態も想定し、合鍵の有無にかかわらず、鍵の技術者は手配することになります。

(4) 執行補助者の有無

　強制執行を実施する場合、不動産内の荷物の選別・運搬・保管を行う執行補助者の協力が必要となります。義務ではありませんが、現実問題として執行補助者なしに建物明渡の強制執行などはできようはずありません。このような執行補助者が裁判所に登録されており、それらの登録業者に執行の現場作業を委ねることになります。

　執行官面接においては、執行補助者をどの業者にするのかを執行官に伝えることになります。既知の執行補助者がいれば、執行申立の時点で連絡を入れて依頼をしておきます。利用する執行補助者がいない場合には、裁判所に登録されている執行補助者に依頼をすることになります。執行補助者の費用は一般的な住居の明渡ですら50万円以上の高額になることも珍しくありません。裁判所の執行官室には、執行補助者の資料や費用見積一覧がありますので、そちらを参考に執行補助者を選定するのもよいでしょう。とはいえ、実務の経験則としては、円滑な強制執行を進めたいならば、見積額の多寡にとらわれずに、執

第6章 強制執行（明渡）

(5) 車両の状況

駐車場の明渡をする場合には、駐車されている自動車を移動保管するためにも車両の所有者・車種・大きさや運転状況（最近動かしているのか否か）の情報が必要になります。つい忘れがちですが、車両の情報も予め確認をしておくようにします。

【執行官面接で説明できるようにしておく情報】

- □ 不動産の占有状況
  - 不動産を現実に占有しているのは誰か
- □ 賃借人の状況
  - 寝たきりの状況ではないか
  - 暴力団風であったりしないか　など
- □ 合鍵の有無
  - 合鍵は誰が保管しているのか
  - 合鍵を保管している者が立ち会えるのか
  - 鍵屋の手配は可能か
- □ 執行補助者の有無
  - 執行補助者業者を知っているのか
- □ （車両がある場合）車両の状況
  - 所有者は誰か（所有権留保やリースではないのか）
  - 車種や大きさ
  - 運転状況（そもそも動くのか否かなど）

★執行補助者は、なぜ必要？？

　強制執行を実施するにあたり、執行官や債権者（賃貸人）、債務者（賃借人）の文言は、法律に明記されておりますが、執行補助者については法律上明記されておりません。にもかかわらず、東京地裁の執行部などでは執行補助者がつくことが当然の前提で現場の運用がされています。なぜ、執行補助者は必要なのでしょうか。

　実際に、強制執行を行うにあたって、執行官は、物件内の動産をすべて撤去した上、建物を債権者（賃借人）に引き渡します。また、撤去した動産は保管しなければなりません。しかし、物件内には大量の動産が残置されていることが多く、執行官が一人で動産を撤去することや、大量の動産を保管することは現実的ではありません。そのため、執行官は、動産の撤去・保管等を執行補助者に依頼するのです。

　ただし、強制執行は法的な手続であって、いわゆる引越業者が通常行う梱包、搬出、運搬という引越作業とはかなり異なる作業も含まれます。執行官や弁護士を恫喝してくるような債務者もいますし、暴力団の組事務所であっても明渡の強制執行はあります。執行法に定められた手続に乗っ取り、かつ現場で混乱があってもそれにも適切に対応できるような業者でないと、強制執行の現場作業が成り立たないこともあります。

歴史的な経緯はともかく、裁判所に登録されている業者の多くは、長年にわたって強制執行の現場作業に携わってきた、いわば専門家集団といえます。そのような実績もあり、執行官からの信任も厚いという事実は、弁護士としても無視はできません。

　一度、明渡の強制執行の現場を目にすると認識できるものですが、執行官が紹介してくる執行業者は、強制執行にあたって、動産の撤去・トラックの手配（自動車の撤去の場合はレッカー車なども）・動産の保管などの作業を行うだけでなく、公示書の貼付の手伝いなど、執行手続に必要となる現場作業についてもきめ細やかなサポートを行ってくれます。弁護士としても、安心して強制執行の現場を任せることができるという実感を持つことが多いです。

　このように、執行補助者は、強制執行にあたって、非常に重要な役割を担うため、強制執行を行うにあたっては、先輩弁護士等から知り合いの執行業者を紹介してもらうとよいでしょう。

【援助申請上申書の記載例〜上申書】

債権者　甲山　巧美
債務者　乙川　太郎

上　申　書

平成 29 年 2 月 9 日

東京地方裁判所　執行官　殿

債権者代理人
弁護士　中　西　靖　雄

　上記当事者間の東京地方裁判所平成 28 年（執ロ）第 234 号建物明渡執行事件につき、上記債務者は暴力団風であり、執行妨害をなすおそれが大きいため、上記執行の際には警察官の援助が必要と思料されますのでこの旨上申します。

　なお、上記執行に際しては、執行官も複数名必要だと思料しますので、あわせて上申します。

第6章　強制執行（明渡）

4　執行催告

1. 執行催告の現場

　催告期日当日を迎えました。中西弁護士は、指定された時刻の30分前に現地に到着しました。驚いたことに、執行業者はすでに現場で待機しています。まもなく管理会社の担当者も到着しました。執行予定時刻の少し前に、執行官が乗った車が近くの路上に駐車しました。

　はじめて強制執行に立ち会うときは、右も左もわからず不安なことこの上ありません。執行の現場は司法修習中も目にしないまま弁護士になる人も少なくありません。そこで、実際の執行催告がどのような流れで、何が行われるのかを再現してみます。

中　　西　「執行官、おはようございます。債権者代理人の中西です。本日はよろしくお願いいたします。」
執 行 官　「おはようございます。執行官の氏原です。よろしくお願いします。」
立会証人　「立会証人の築井です。よろしくお願いします。」
　　　　　＜事前に現場確認を済ませていた執行業者が執行官に状況報告＞
補 助 者　「どうやら在室している様子です。車も置いてありますね。」
執 行 官　「そうですか。それではさっそく始めましょうか。じゃあ、ポストを開けてください。ダイヤル錠の番号はわかりますか？」
管理会社　「あ、はい。私が開けてもよろしいでしょうか。」
執 行 官　「お願いします。」

補 助 者　「……郵便物は、すべて『乙川修』宛です。」
執 行 官　「『乙川クラウディングサービス』とかのはないのね、なるほど。では上に行きましょう。」
　　　　　＜401号室の前にて＞
♪ピンポーン
執 行 官　「乙川さん、東京地方裁判所の執行官です。開けてください。」
　　　　　＜ドアを開けて乙川と思われる男性が現れる＞
（執行官……身分証明書を提示しながら）
執 行 官　「乙川さんですね。裁判所の執行官です。本日は、こちらの物件の明渡催告するために伺いました。詳しい説明をさせていただきますので、中に入ってもよろしいですか？」
　　　　　＜乙川、若干抵抗する様子を見せる＞

執行官　「ご存じのとおり、先日、裁判所にて、乙川修さんが家賃を滞納したため明け渡しなさいという内容の判決が出ております。今日は、強制執行に先立ち、明渡の催告に参りました。後ろにいるのは、立会証人と大家さんの代理人です。」
　　　　「乙川さんは、まだこの部屋に住んでいるということで間違いないですね。」
乙　川　「はい。」
執行官　「それでは、家の中を確認させてもらってよろしいですね。」
乙　川　「は、はい。」
　　　　＜執行官や執行業者が物件内の確認をした上、断行期日を調整し、断行期日は3月24日午前10時となった＞
執行官　「判決が言い渡され、大家さんが強制執行を申し立てたことから、いずれにせよ乙川さんはこの物件を明け渡さなければなりません。先程の話に出ていたとおり、明渡の期限は、3月24日ですので、それまでに荷物を出して部屋を明け渡してくださいね。」
　　　　「これから、3月24日に明渡を実施するという内容の紙を貼って帰りますが、これを剥がした場合には刑罰に処せられますので注意してください。」
執行官　「この辺でよろしいですか？」
　　　　＜執行業者が養生テープで、ドアの裏側に公示書を貼り付ける＞

執行官　「次は駐車場までおいでいただけますか。」
乙　川　「はい。」
執行官　「この車はあなたの物で間違いないですか。」
乙　川　「はい。」
執行官　「それでは車検証を確認させてもらえますか。」
乙　川　「……はい。」
　　　　＜乙川が車のダッシュボードから車検証を取り出す＞
乙　川　「車検証はこちらになります。」
執行官　「車についても確認できました。それでは、駐車場にも公示書を貼ります。」
補助者　「木杭を打ち付ける方法でよろしいですか？」
執行官　「構いません。」
補助者　「この辺でよろしいですか？」
　　　　＜執行業者が養生テープで木杭に公示書を貼付した上で、杭を土地に打ちつける＞

執行官　「それでは、ここに（※強制執行調書）それぞれお名前を書いてください。あと、印鑑をお願いします。」
　　　　「代理人の先生もお願いします。」
　　　　＜執行催告に立ち会った関係者がそれぞれ署名押印をする＞

第6章 強制執行（明渡）

執 行 官　「それでは、これで終わりました。ご苦労さまでした。」
　　＜帰ろうとする乙川を引き留めて＞
中　　西　「あっ、私、大家さんの代理人の中西です。今、執行官から話があったとおり、このままでは、最終的には無理矢理荷物を運び出して、この家を明け渡していただくということになりかねません。もし、任意に退去していただけるのであれば、滞っている賃料の支払方法についてはご相談に応じる余地があります。まずは任意に明け渡す日程が決まりましたら、私宛にご連絡いただけますでしょうか？　事務所の電話番号は、お渡しした名刺に書いてありますので……」

　執行催告の雰囲気はだいたいこのようなものになります。債権者の代理人である弁護士は現実にはほとんど出る幕がないような状況で、執行官と執行業者が淡々と、しかし確実に執行催告の手続を進めていきます。
　執行官によっては、この執行催告の時点でかなり強く任意の明渡をするようにという説得を債務者（賃借人）にすることもあります。執行官には執行官のやり方がありますので、そのようなときはしゃやり出るようなことはせずに、執行官に委ねておくのがよいでしょう。

2．執行催告における手続（建物）

　建物明渡の執行催告で行われるのは以下のものとなります。物件により、また債務者によりケースバイケースになることもありますが、多くの場合には以下の段取りで執行催告が進められていきます。

【執行催告日の流れ】

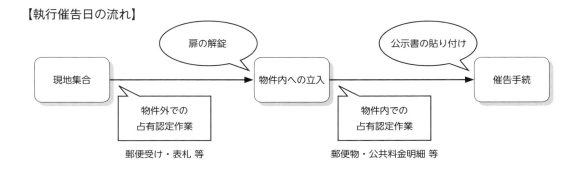

(1) 現地集合

　催告期日には、執行官と約束した時間に、賃貸物件に赴きます。執行官は、1日に複数件の催告・断行を抱えていることが多いため、待合せ時間には絶対に遅刻しないようにし

ます。間違っても弁護士時間などという悪しき慣行を執行の現場には持ち込んではいけません。執行補助者はどんなときでも執行官を待たせないように、予定の時間より30分以上前には現地で待機するのが通常です。弁護士もこの姿勢は見習うべきです。

催告の際には、執行官、立会人（通常は執行官が紹介してくれます）、執行業者、鍵の技術者（執行補助者が連れてきてくれます）が賃貸物件に臨場し、執行官が、物件の特定及び占有の認定を行います。

(2) 郵便受けにおける占有認定作業

まず、執行官は、郵便受けにおいて、賃借人の占有を認定できるか否か確認します。具体的には、郵便受けに賃借人名の表示があるのか否か（債務者以外の者の名前がないか）を確認し、続いて、郵便ポストの中身に賃借人宛の郵便物がないか（債務者以外の者に宛てた郵便物がないか）などを確認します。

(3) 物件内への立入り

続いて、執行官は、インターホンにおいて賃借人の所在確認をします。最近では、オートロックの玄関が多いため、その場合には、まずは玄関においてインターホンによって賃借人の所在確認をします。

この段階で賃借人もしくは同居人から応答があれば、賃借人もしくは同居人に強制執行のために立ち入る旨を説明し物件内に立ち入ります。賃借人もしくは同居人の応答がない場合、執行官は、合鍵を用いて物件内に立ち入ることになります。賃借人によって鍵が交換されてしまっている場合や合鍵がない場合は、執行官は、鍵の技術者に鍵の解錠を指示し、物件内に立ち入ります。

(4) 物件内における占有認定作業

室内に入る前に、執行官は物件の表札において賃借人の名前が表示されているのか否かを確認します。その上で、執行官は、物件内に立ち入った後、物件内に置かれている物（賃借人宛の郵便物の有無、水道光熱費の名義人）などによって、物件内の占有が間違いなく賃借人にあるのか否かを確認します。

なお、執行業者は、物件内の様子を見て、明渡執行（断行）における動産搬出に要する費用の見積を作成します。

気をつけなければいけないのは、室内に立ち入ることができるのかどうかです。強制執行は裁判所が行う公権的手続であり、執行を担うのは執行官ですので、強制執行の申立当事者である債権者の代理人であっても、当然に室内に立ち入ることができるというものではないということです（まして不動産管理会社の担当者はいうまでもありません）。もし室内の状況を直接確認したい場合には、執行業者に相談して執行官に打診をしてもらい、執行官が了解したところで室内に立ち入るようにします。

(5) 催告手続

上記作業によって、物件の占有が賃借人にあると判断された場合、執行官は、引渡期限（執行催告期日から1か月を経過する日）と明渡実施日（断行日）（引渡期限までのうち適

第6章　強制執行（明渡）

当な日時）を記載した公示書を物件内（主にドアの内側部分）に貼り付けます（民執168条の2）。

引渡期限と断行日には注意が必要です。たとえば、平成28年2月17日に明渡の催告に赴き、物件内の状況から3週間程度で断行を実施できると執行官が判断した場合、引渡期限を同年3月15日と定めた上で、断行実施予定日を同年3月6日と告知することになります。したがって、引渡期限は、債務者（賃借人）が明渡執行の猶予を得たものではなく、あくまでも債務者（賃借人）が明渡猶予を得るのは、上記断行実施日までの期間ということに注意が必要です。

なお、この引渡期限は、引渡期限が経過するまでの間は、当事者恒定効が発生し、催告してから引渡期限が経過するまでの間に、占有者が債務者（賃借人）から第三者に入れ替わっても、かかる第三者に対して強制執行を実施することができるという重要な効力があります（民執168条の2第6項）。

(6) 催告手続の完了

以上のやりとりが終了したら、執行官は、再度物件の鍵を施錠し（鍵の技術者が解錠した場合は、技術者が施錠します）、物件から退去します。

最後に、催告手続に立ち会った、立会人、債権者代理人である弁護士、鍵の技術者は、強制執行調書に署名押印することで執行催告手続は完了します。

3. 催告手続（駐車場）

駐車場の明渡の催告手続は、室内よりはやるべき事項が少ないです。駐車場を占有している車両の所有者（使用者）の確認ができれば、催告に入ります。

(1) 駐車場における車両の確認

執行官は、駐車場において車両の有無を確認します。賃借人が立ち会う場合、まずは賃借人自身に車両所有の有無を確認した上、車両の鍵を解錠する依頼をします。

賃借人が任意に車両の鍵を解錠しない場合や賃借人が不在の場合、執行官は、鍵の技術者に車両の鍵を解錠するよう指示します。車両の鍵を解錠した後、執行官は、車両内の状況を確認するとともに、車検証等によって、車両の所有者（駐車場の占有者）を認定します。

(2) 催告手続

上記作業によって、車両の所有者（使用者）、すなわち駐車場の占有者が賃借人である

と判断された場合、執行官は、引渡期限（執行催告期日から1か月を経過する日）と明渡実施日（断行日）（引渡期限までのうち適当な日時）を記載した公示書を駐車場に貼り付けます（民執168条の2）。

具体的には、駐車場の壁面や地面（地面が土の場合は杭を打ってそこに掲示することもあります）公示書を掲示することになります。引渡期限の意味は、上記2.(5)における説明と同様です。

(3) 催告手続の完了

以上のやりとりが終了したら、執行官は、再度車両の鍵を施錠します（鍵の技術者が解錠した場合は、技術者が施錠します）。

最後に、催告手続に立ち会った、立会人、債権者代理人である弁護士、鍵の技術者は、強制執行調書に署名押印することで執行催告手続は完了します。

4. 執行催告における弁護士の役割

債権者（賃貸人）の代理人には、債務者（賃借人）が不在であり物件（車両）の特定及び占有の認定が困難な場合に、執行官に補足説明をするという重大な役割があります。仮に、執行催告において、債務者（賃借人）が物件（車両）を占有していないと認定されてしまうと、せっかく獲得した債務名義による強制執行は執行不能と判断されてしまうことになりますので、執行官に占有を認定してもらうというのは非常に重要です。

また、物件内に残置動産がほとんどない場合や即日売却を実施する場合（第6項：競り売り参照）、執行官は、催告をすることなく、即日明渡執行（即断行）をすることもあり、このような場合に債権者（賃貸人）の代理人として物件の引渡しを受けるという役割もあります。

5. 執行催告後

執行催告の手続まで進むと、賃借人においては遂に「待ったなし！」の状況となります。すなわち、次の手続は明渡執行（断行）であり、賃借人が退去しようとしない場合でも強制的に退去させられることになります。

そのため、執行催告手続の際に債務者（賃借人）が物件に居た場合、債務者（賃借人）の対応をよく確認し、執行催告手続後の任意交渉の可否も検討することになります。執行催告まで至ると、賃借人が任意に退去する場合も多いため、賃貸人の代理人としては、執行催告の場を活用し、最終的な任意交渉を行うとよいでしょう。

また、任意交渉と並行して、明渡執行（断行）に備えて、執行補助者と連絡を取り、動産の搬出費用の見積りを確認し、債権者（賃貸人）に予め費用概算を伝えることも忘れてはなりません。

5 明渡執行

　執行官による執行催告の際の忠告も功を奏さず、執行催告後に明渡の任意交渉を持ったものの何処吹く風の賃借人が引越の気配も見せぬまま、とうとう明渡執行の当日を迎えました。建物明渡案件を数多く経験している弁護士でも、断行（現実の明渡執行）までいくケースは決して多い訳ではありません。はじめて断行に立ち会う弁護士にとっては、未知の世界です。

　そこで、実際の断行の現場の雰囲気がわかるように大まかな流れを再現してみます。

　執行期日を迎えました。緊張してなかなか寝付けなかった中西弁護士は、眠たい眼をこすりながらも指定時刻の30分以上前に現地に到着しました。

　すでに執行補助者の五嶋さんはスタンバイ状態で、近くには大型トラックが横付けされ5〜6名の人足作業員も待機しています。

　近所の住人でしょうか、遠巻きに様子を伺っている姿も見られます。管理会社の担当者も神妙な面持ちでいます。

　ほどなくして執行官が姿を見せました。

中　西　「おはようございます、本日はよろしくお願いいたします。」
執 行 官　「おはようございます。」
立会証人　「立会証人の谷内です。よろしくお願いします。」
補 助 者　「おはようございます。執行官、どうやら在室していない様子です。駐車場にも車はありません。」
執 行 官　「なるほど。では上に行きましょう。」
　♪ピンポーン

執 行 官　「乙川さん、東京地方裁判所の執行官です。開けてください。」
　　　　　＜執行官はドア越しに何度も繰り返し呼びかけてはチャイムを押します＞
　　　　　（執行官）「乙川さ〜ん、いらっしゃらないのですか〜！　裁判所の執行官で〜す！」
　　　　　＜執行官はドアに耳を押し当てて室内の物音がするかも確認します＞
　　　　　「（身分証明書を提示しながら）乙川さん、裁判所の執行官です。本日は、こちらの物件の明渡を実施するために伺いました。」
　　　　　（物件内）……
執 行 官　「どうやら、乙川さんはいらっしゃらないようですね。それでは物件内に入りましょう。ドアを解錠してもらえますか。」

管理会社 「こちらが合鍵ですのでどうぞ。」
　　　　　ガチャガチャ……
　　　　　＜何度やっても鍵が開かない＞
執 行 官 「どうやら鍵が交換されてしまっているか、壊されているか。鍵屋さん、解錠してもらえますか。」
鍵　　屋 「わかりました。」

　　　　　＜道具を取り出した鍵屋が解錠にとりかかります＞
　　　　　ガチャガチャ……（数分後）カチャ
　　　　「開きました。」
執 行 官 「それでは中に入りましょう。乙川さん、乙川さん、いらっしゃいますか？」
　　　　　＜呼びかけながら物件内に入る＞
　　　　「いないですね。既に退去しているようですが、残置物が多い、家財道具や家具はほとんど置いていった様子ですね。それでは、五嶋さん、荷物の搬出をお願いします。」
補 助 者 「わかりました。」
　　　　「はい、じゃ、みんなとりかかって！」
　　　　「あ、中西先生。作業終わるまでだいたい２時間くらいです。よかったら近くのファミレスとかで休憩でもしておいてください。終わりそうになったら先生の携帯電話に連絡入れますから。」
中　　西 「え、いいんですか。ありがとうございます。」

　　　　　＜１時間半ちょいがたち、ファミレスのコーヒーにもいい加減飽き始めた頃、中西弁護士の携帯電話に執行業者の五嶋さんから連絡が入ります。中西弁護士は現場に飛んでいきます＞
補 助 者 「執行官、荷物の搬出は完了いたしました。」
　　　　　＜部屋の中にあった家財道具はすべてトラックに積み終えてます。細かな荷物はすべて段ボールに詰められていますが、中には赤色のガムテープで封をされた段ボールもいくつかあります。これが個人情報がからむ物品や賃借人の個人的な記念品の類のようです＞

執 行 官 「ご苦労さま。それでは、鍵を交換しましょう。鍵屋さんお願いします。」
　　　　　＜賃借人が再び室内に入り込まないように、錠前そのものを新しいものに交換します＞
鍵　　屋 「はい、わかりました。」
　　　　　ガチャガチャ……
　　　　「終わりました。」
執 行 官 「代理人さん、これが建物の新しい鍵、お渡しします。」
　　　　「それと、駐車場は既に退去がなされている状況ですので、これで明渡は完了となります。」
中　　西 「ありがとうございます。」

> **補助者**「先生、今回の保管場所は倉庫になっていますから場所の地図をお渡ししておきます。何かあったら私から連絡をしますから。」
> **中西**「ありがとうございます、よろしくお願いします。」
> ＜管理会社の担当者に向かって＞
> 「駐車場は念のため、賃借人が再度車を駐めることがないように、コーン等を立てたり、ロープを張るなどしておいた方がよいと思いますので、対応しておいてください。」
> **管理会社**「わかりました。」

　断行当日まで賃借人が居座っている場合には、「人」の退去もあるために現場が騒然とすることもありますが、断行当日は、賃借人はいなくなっているケースが大半です。そのため、債権者の代理人としてその場にいても特にすることはなく、執行補助者に任せて明渡が完了するのを待つことが多いです。

1. 明渡執行（断行）における手続（建物・駐車場）

断行当日の大まかな流れは以下のようなものになります。

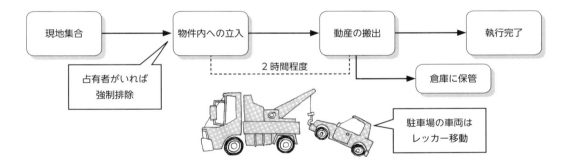

(1) 現地集合

　明渡執行日（断行日）は、執行催告手続と同様に、執行官、立会人（執行官が手配します）、執行補助者、鍵の技術者（合鍵がない場合は必須ですが、合鍵があっても念のため呼ぶことが大半です）らが賃貸物件に赴きます。
　明渡執行（断行）においては、執行催告と異なり、動産を取り除き実際に建物の明渡を実現させなければなりませんので、荷物を運び出す執行補助者も数名待機しており、またトラックも準備することになります。

(2) 物件内の立入り

　明渡執行（断行）においては、催告の際に占有の認定は実施済みですので、占有の認定作業はせずに、さっそく物件内に立ち入ることになります。
　まずは、執行官がインターホン越しに呼びかけをし、賃借人もしくは同居者が占有を継

続していないのか確認し、合鍵もしくは鍵の技術者による解錠によって、物件内に立ち入ります。実務において、この段階で賃借人が未だ物件内に居座っていることは稀ですが、賃借人や同居人が未だ物件内に居座っていた場合は、賃借人や同居人を物件から強制的に退去させることになります。

(3) 動産の運び出し

執行官は、不動産の強制執行にあたっては、物件内の動産を取り除いて、債務者（賃借人）、その代理人または同居の親族もしくは使用人その他の従業員で相当のわきまえのある者に当該動産を引き渡さなければなりません（民執168条5項前段）。

物件内の動産を債務者（賃借人）らに引き渡すことができない場合、直ちに売却（即日売却）することもできますが（民執168条5項後段）、通常、直ちに売却することはなく、執行官が一旦保管した上で売却することになります（民執168条6項前段）。

執行官は、物件内の動産を保管するため、執行補助者とともに、物件から動産類を運び出し、保管すべき動産か廃棄すべき動産かを選別します。

なお、駐車場の車両については、債務者（賃借人）らが引渡しを受けない場合は、レッカー車等により、駐車場から車両内の動産とともに運び出します。

(4) 動産の保管

保管すべき動産（車両）については、執行官が保管することになりますが、執行官が現実に物件内の動産を保管することは困難ですので、通常は債権者（賃貸人）の承諾があれば、債権者（賃貸人）または債権者（賃貸人）が申し出た第三者に保管を委託することになります。一般的には、執行補助者に保管をお願いし、倉庫等において動産類を保管してもらうことがほとんどです。

そう簡単に認められる訳ではないですが「現場保管」がなされる場合もありますし、外部の倉庫ではなく、同じマンションの空室を倉庫代わりにすることを認めてくれる場合もあります。これが認められると保管費用がかかりませんので、執行催告の段階などに執行補助者に相談をして、可能かどうか執行官に打診してもらうとよいでしょう。

(5) 断行手続の完了

動産類が賃貸物件からすべて運び出された後は、鍵を交換して、明渡は完了となります。

最後に、断行手続に立ち会った、立会人、債権者代理人である弁護士、鍵の技術者は、強制執行調書に署名押印することで明渡執行（断行）手続は完了します。

2. 明渡執行（断行）における弁護士の役割

明渡執行（断行）手続において弁護士が特に行うことはありません。

ただし、動産類がすべて運び出された後に、保管場所の指示をすること及び賃貸物件の引渡しを受けることは重要な仕事になります。断行は、物件内の動産をすべて取り除いた上で、執行官が債権者に建物を引き渡すことで手続が完了します。そのため、債権者の代理人は断行手続を完了すべく、執行官から建物の引渡しを受けることになります。

冒頭の再現風景で、執行官が新しくした鍵を渡す場面がありますが、これが建物の引渡しと位置づけられるのです。

3. 断行の中止

　もし、前日までに賃借人が退去していて、室内にもこれといった残置物がないことがわかったときは、断行の中止を執行官に連絡します。事実上出て行ったというだけでは断行を止めるわけには行きませんが、明渡がされていると評価されれば、それ以上強制執行をする意味はありませんし、執行補助者に支払う費用も無駄になってしまいます（断行当日に人が集まった以上、倉庫保管料以外の費用は支払うことになります）。

　執行の実務上は、建物内に動産類が残っていて、かつ所有権放棄の確認が書類で取れていない場合には断行に進むのが通常です。所有権放棄の同意がないのに賃貸人が勝手に賃借人の家財道具を処分するのは自力救済になってしまうからです。

　最後までごねていた賃借人も、最後の最後には意外と律儀に退去していくこともあり、断行当日に室内に入ったところ、あらかたの荷物は運び出し済で、居間のちゃぶ台に署名押印のされた所有権放棄の確認書（執行催告の際に執行官が賃借人に渡した）が置いてあったというような事案もあります。前日夕方までであれば執行補助者へのキャンセルはできることが大半なので、必ず前日には建物の現状を再確認し、断行の実施が必要なのかどうかを検討するようにしてください。

6　競り売り

　今日は競り売りの当日です。明渡の断行の際に建物から搬出して倉庫で保管している物品を売却処分し、これでようやく明渡のすべてが終わることになります。

中　　西　「執行官、おはようございます。」
執 行 官　「おはようございます。」
補 助 者　「おはようございます。」
　　　　　　（小声で）
　　　　　　「先生、買取業者が数社来てますよ。」
中　　西　「え、あの家財道具を買う人がいるんですか？」
補 助 者　「リサイクル業者か何かでしょうけど、処分費がかかるよりは遙かにいいことです。少しでも高値になるといいですね。」
　　　　　　＜執行官に向いて＞
　　　　　　「本日は買受希望業者が数社見えているようですので、よろしくお願いします。」
執 行 官　「なるほど。それでは、競り売りを開始しましょう。」
　　　　　　「皆様、おはようございます。それでは今より競り売りを開始いたします。動産類の詳細は公告に記載したとおりですが、まずは動産類の現物確認をお願いします。」

```
＜買受希望者らが動産類を確認＞
執 行 官　「それでは、只今より競り売りを開始します。」
買受希望者A　「３万円！」
買受希望者B　「４万円！」
買受希望者C　「４万5000円！」
買受希望者B　「……５万円！」
　　　　　　……
執 行 官　「５万円以上の方はいらっしゃいますか。」
　　　　　「それでは、５万円での落札とします。」
＜買受希望者Bがはその場で執行官と代金支払等のやりとりを行う＞
執 行 官　「これで競り売りを終了します。なお、売却代金が保管費用を超えなかっ
　　　　　たため、この代金は保管費用に充当することにします。」
中　　西　「ありがとうございました。」
```

1．競り売り

　前項で説明したとおり、執行官は、物件内の動産を取り除いた上、賃貸物件の明渡を実現しますが、取り除いた動産はその後処分しなければなりません（賃借人の個人情報に関する物や第三者の物は売却対象外となります）。

　この動産を売却する方法として、
　　①目的外動産即時売却制度による売却方法（民執規則154条の２第２項以下）
　　②通常の動産執行の売却の例による方法（民執規則154条の２第１項）
の２種類の手続があります。実務において①の方法による売却は非常に稀であり、一般的には②の方法による売却が行われます。

2．即日売却・近接日売却

(1)即日売却（民執規則154条の２第３項）

　目的外動産の種類・内容・量及び債務者（賃借人）との連絡状況などから、債務者（賃借人）らによる引き取りの可能性が乏しく、即時その場で売却するのが馴染むと判断された場合、執行官は、公告を要せず、目的外動産を即日売却することができます。もっとも、高価な動産についてはこの売却方法は認められませんのでご注意ください。

　たとえば、執行催告の段階では、債務者（賃借人）が居住していたものの、断行実施日までの間に、債務者（賃借人）が大半の動産を運び出し、価値がないような動産のみが放置されていた場合などが想定されます。費用をかけて保管するよりも、その場で売却して、事実上は廃棄処分できるようにするというものだといえます。

(2)近接日売却（民執規則154条の２第３項）

　執行催告の際には即日売却をしなかったものの、断行実施日における目的外動産の残置状態（目的外動産の種類・内容・量及び連絡状況）等から、債務者（賃借人）による引き取りも見込まれないものの、買受人が不在などにより即日売却の条件が整っておらず、か

といって一定期間目的外動産をわざわざ保管するまでの必要もないといった場合、執行官は、1週間未満の日を売却実施日として定めることができます。

　この方法による売却手続は、物件内の動産を物件において保管したまま売却することが一般的です。

3. 通常の動産執行の売却の例による方法（民執規則154条の2第1項）

　物件内の動産が高価な物であったり、債務者（賃借人）が引き取りに来る可能性があるなど、上記2. による即日売却・近接日売却ができない場合には、動産執行の例による売却方法がなされます。

　執行官は、物件内の動産を搬出し、原則として1週間以上1か月以内の日に当該動産を競り売りする期日を指定し、当該競り売りの期日まで倉庫等において目的外動産を保管します。その上で、執行官は、競り売りに関する事項（事件の表示、売却すべき動産の表示、競り売り期日の日時及び場所など）を公告することになります。通常は明渡の断行が完了した時点で、執行官が債権者代理人（弁護士）の都合も聞きながら、競り売りの期日を指定します。

　この競り売りは官報広告がされることもあり、専門の買取業者が実際にやってくることもあります。誰も買取希望者がいないと、債権者（賃貸人）が自ら買い取って「廃棄処分」するということにしないと決着がつきませんので、買取業者が来たときは運がよいと思っていいでしょう。

　競り売り期日においては、執行官は、買い受け希望者のうち、最高額の申出を行った者に目的外動産を売り渡し、目的外動産の処分は終了することになります。買い取った人は、自力で（自分の費用で）その場から動産類を運び出します。

4. 自動車の取扱い

　自動車は動産なのですが、登録制度があることもあり、家財道具などとは異なった扱いがなされますので注意が必要です。

　駐車場からレッカー移動して保管した車両が、自動車登録されていない場合には一般の動産と同様の扱いになります。価値がないと判断された車両は債権者（賃貸人）が廃棄することになります。価値があると判断された場合は、上記3.（通常の動産執行の売却の例による方法）と同様の方法により売却されることになります。

　登録自動車については、執行法で特に定めている自動車執行の売却手続によることになり、執行官が申立人となって、自動車執行の申立てをすることになります。イメージとしては不動産競売に近い売却手続です。

5. 売却手続及び売却後の処理

　上記のとおり、競り売りにおいては、買い受け希望者が札入れをしていくことになりますが、実務上、買い受け希望者が現れることは稀です。通常は、債権者側の者が一定の金額によって動産を落札することになるため、債権者の代理人として参加する弁護士は一定金額の「現金」を用意しておいた方がよいでしょう。

競り売り等によって得た売却代金については、売却及び保管に要した費用にまず充当され、それでも残額がある場合、執行官は供託することになります（民執168条8項）。落札金額が売却及び保管に要した費用を超えない場合は、債権者側において動産の落札のために支出したとしても、売却及び保管費用に充当されるため、実質的な負担は少ないといえます。

第7章

強制執行(債権回収)

1 執行申立前

甲山 「先生！ ついに判決出ましたね。」
中西 「うん、こちらの請求は全部認められましたね、よかったですね。」
甲山 「それでは、とっとと賃借人の財産を差し押さえてください！」
中西 「いや、ちょっと待ってください。確かに、判決が出た以上、賃借人の財産を差し押さえることは可能ですが、賃借人の財産の所在がわからないと差押えすることはできません。仮に、預金口座が判明しても、口座にお金が入っていなければ差押えが功を奏しないことになってしまいますよ。」
甲山 「それじゃあ、何のための判決かわからないではないですか。」
中西 「まあ、そう言ったら身も蓋もないですけど、判決を取ったからこそ乙川さんに対して強く話ができるということもあります。それに、任意で話がまとまれば、費用と手間をかけて強制執行をしなくても自発的に払ってくるようになる、これはメリット大きいと思いますよ。」
甲山 「そうですか……」
中西 「ええ、ですから、一度は任意に支払ってもらえるか交渉してみる方がよいと思いますよ。」
甲山 「賃借人の財産の所在と言われても、わからないことが多いですね。それでは、任意交渉をお願いします。」

1. 勝訴判決を取った後の任意交渉の意義

　滞納賃料・賃料相当損害金の支払を命ずる判決が出ても、闇雲に強制執行に突き進むのはあまり賢いものではありません。
　債務名義を獲得したら、債務名義の内容を実現すべく、賃借人または保証人から未払賃料や明渡を受けるまでの使用料相当損害金を取り立てる必要があります。債務名義を獲得した以上、強制執行によって債務名義の内容を実現させることは可能ですが、強制執行を行う場合には、賃借人や保証人の財産の在処を把握しなければなりません。
　一般的に差し押さえる財産としては、賃借人・保証人が所有している不動産や、賃借人・保証人名義の預金口座、賃借人・保証人の給与等ですが、賃貸物件に居住している賃借人が不動産を所有していることは稀ですし、賃

借人・保証人名義の預金口座や勤務先を探すことも困難です。

　他方で、債務者も、何もしなければ強制執行をされるというくらいの認識は持っています。実際に何もない、無い袖は振れないなら強制執行も怖くないでしょうが、「給料を差押えされてしまうのではないか（そうなったら本当に生活できなくなる）」などという懸念が念頭にあれば、話し合いに乗ってくることもあります。裁判前の任意交渉では支払わなかった賃借人や保証人においても、判決が言い渡された場合には任意交渉に応じて任意に支払うケース（分割払いの要望等もあります）も多くあります。

　話し合いによる解決の大きなメリットは債務者が「自発的に履行してくる」ことにあります。判決を得たあとでも、一度任意交渉を持ってみる価値はあるといえます。

【金銭債権の回収フロー】

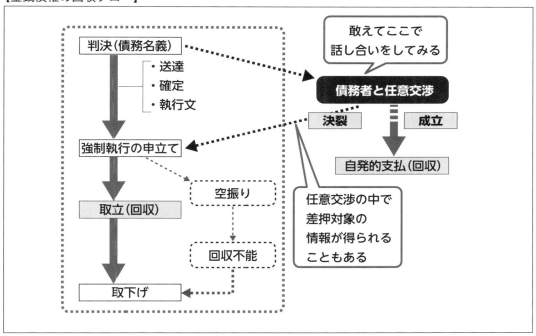

2. 任意交渉のありかた

　任意交渉とはいえ、債務名義を獲得済みですので、これまでより強い態度で交渉に臨めます。具体的には、債務名義を既に獲得しているため、賃借人・保証人が未払賃料及び使用料相当損害金を任意に支払わない場合には、財産を差し押さえることが可能であることを賃借人・保証人に伝えた上で、任意に支払ってもらうよう交渉します。

　賃借人・保証人の任意の支払を促すため、賃貸人と相談の上で、未払賃料・使用料相当損害金の一部を免除することも有用です。賃借人・保証人から任意に支払う旨の確約を取り付けることができた場合、合意書や覚書等を締結し、未払賃料・使用料相当損害金の支払についての自覚を植え付けることも有益です。

【債務返済合意の記載例～合意書】

合　意　書

　賃貸人：甲山巧美（以下「甲」という）と賃借人：乙川太郎（以下「乙」という）、連帯保証人：乙川修（以下「丙」という）は、甲乙間の後記表示の賃貸借物件（以下「本件建物」という）にかかる賃貸借契約の未払賃料に関して、以下のとおり合意した。

第1条　乙及び丙は、甲に対して、平成27年12月分から平成28年6月24日までの未払賃料金85万4333円及び平成28年6月25日から平成29年2月24日までの使用料相当損害金として金160万円の合計金245万4333円の支払義務があることを認める。

第2条　乙及び丙は、甲に対し、連帯して、前条の金員を以下のとおり分割して、甲の指定する口座に振り込む方法により支払う。
　⑴　平成29年3月から平成29年12月まで、毎月末日限り、金10万円
　⑵　平成30年1月末日限り、金145万4333円及び平成29年2月25日から明渡済まで1か月20万円の割合による金員の合計

第3条　乙及び丙が第2条の分割金の支払いを怠り、その額が20万円に達したときは、当然に同項の期限の利益を失い、乙及び丙は、甲に対し、連帯して、第1条の金員から既払金を控除した残金を直ちに支払う。

第4条　乙及び丙が、期限の利益を失うことなく第2条⑴の分割金（合計100万円）を支払ったときは、甲は、乙及び丙に対し、第2条⑵の支払義務を免除する。

第5条　甲、乙及び丙は、甲乙間及び甲丙間につき、本件建物に関する、乙の甲に対する敷金返還請求権、甲の乙に対する原状回復請求権を除き、本合意書に定めるもののほか、何らの債権債務がないことを相互に確認する。

　本合意の証として本書3通を作成し、甲、乙及び丙が記名押印の上、各1通を保有するものとする。

平成29年2月24日

　　　甲　　東京都港区赤坂見附1丁目2番3号　弁護士ビル4階芳友法律事務所
　　　　　　　　　　　甲山巧美 代理人弁護士　　　中西　靖雄
　　　乙　　東京都千代田区霞が関1丁目1番3号　かすみマンション401
　　　　　　　　　　　　　　　　　　　　　　　　乙川　太郎
　　　丙　　埼玉県和光市和泉町2丁目3番8号
　　　　　　　　　　　　　　　　　　　　　　　　乙川　　修

＜賃貸借物件の表示＞略

第7章　強制執行（債権回収）

2 強制執行の申立ての準備

　「無理なら強制執行するしかないですね」と判決を後ろ盾にした任意交渉をしてきましたが、残念ながら賃借人も連帯保証人も、滞納賃料等の支払を自発的に行うつもりはないようで、交渉は決裂してしまいました。こうなると強制執行をするしかなくなります。
　甲山さんを呼んで、今後の強制執行についての打合せをすることにしました。

中西　「賃借人と何度か交渉してみましたが、どうやら任意に支払うことはなさそうです。判決が出ているため、賃借人の財産を差し押さえることは可能ですが、賃借人の財産の所在ってわかりますか？」
甲山　「賃借人の財産ってどのようなものでしょうか？」
中西　「一般には所有不動産、賃金、預金口座が考えられますね。」
甲山　「不動産を所有しているって話は聞いてませんね、私から借りていたんだし。勤め先は、契約当時と変わっていなければオールクラス・フォー・ユー株式会社という所です。預金口座については、一度、返金が生じた際に振り込んだ口座があります。江戸銀行東京支店でした。それとゆうちょ銀行があると思います。」
中西　「それでは、オールクラス・フォー・ユー株式会社からの賃金とゆうちょ銀行・江戸銀行東京支店の口座を差し押さえましょうか。」
甲山　「はいっ、ぜひお願いします。」

1．情報の整理～差し押さえる財産の探索と選別

　任意交渉によっても賃借人や保証人から未払賃料・使用料相当損害金が支払われない場合は、獲得した債務名義（判決）をもとに強制執行（差押え）を行うこととなります。
　金銭債権の回収のための差押えですから、現実に換価価値がある財産、債権回収を充足できるだけの価値のある財産を優先的に差し押さえていくことになります。また、できれば手続が簡易なものがよいに越したことはありません。
　本書の事案では、賃借人乙川さんの就職先（オールクラス・フォー・ユー株式会社）及び預金口座（江戸銀行東京支店）は判明しているものの、賃借人や保証人の所有不動産はありませんし、保証人である賃借人の父親乙川修さんは年金生活で給与もなく、保証人名義の預金口座も判明していないとのことです。
　そこで現状把握している、賃借人名義の預金口座及び賃借人の給与を差し押さえることを検討することになります。

【差し押さえる対象財産の検討】

種類	メリット	デメリット
不動産	○価値が高いので高額な債権であっても満額回収につながる ○登記簿によってその存在を把握しやすい	×差し押さえたら競売にかけるため費用と時間がかかる ×優先する担保権者がいれば現実の換価価値がない
預貯金	○取立手続が簡易である ○取立に要する費用もわずかで済む ○現金回収に均しい ○何の手掛かりがない場合でも債務者の生活圏にある口座を片っ端から差押えしていくことで「当たる」ことがある	×どこの銀行のどの支店に口座があるかを探索するのは困難 ×銀行が貸付けをしている場合には相殺されてしまうために銀行に劣後する ×差押えの懸念を覚えた債務者が引き出しをして隠匿される可能性が高い ×実際は債務者の預金でも家族名義などにされると差押えが困難になる
給料	○一度差し押さえることで以後毎月自動的に回収し続けることができる ○取立手続が簡易である ○取立に要する費用もわずかで済む	×勤務先の手掛かりがなければ差押えのしようがない ×差押禁止の制限があるために思ったほどの金額が回収できないことがある ×退職されたらなくなる ×雇用主の無理解や非協力的な態度により回収に支障をきたすことがある
動産類	○探索するまでもなく債務者の自宅内に存在している	×市場で流通できる程度の換価価値のある財産でなければ回収にならない ×高価な絵画や宝石などでない限り、執行官が動産執行を実施しない
貸付金・売掛金等	○事業主である債務者ならば、その取引先に当たりがつけば売掛金などが見つかりやすい ○取立手続が簡易である ○取立に要する費用もわずかで済む	×相殺、債権譲渡などにより回収につながらなくなる ×第三債務者の倒産リスクがある（転付命令を得たときには回収できない無価値債権に確定する危険もある） ×取引先などの把握が困難
自動車	○比較的換価価値が高い場合が多い ○一般動産と比べて取引市場が充実しているため換価しやすい	×競売と変わらない手続を取る必要がある ×売却までの保管などが面倒

差し押さえる対象財産にはそれぞれ一長一短があります。また、どこにどのような財産があるか把握できていなければ差押えのしようがありません。事案ごとに、どの財産に対して差押えをしていくのか慎重に検討をすることが求められます。

現実の事案では、賃借人の現勤務先も預金口座も何もわからないことは珍しくありません。そのような場合、賃借人の現住所や前住所、元勤務先、実家など賃借人の生活圏内にある銀行の支店口座を五月雨式に差し押さえるということもあります。全く手掛かりがなかった場合でも、比較的銀行口座の差押えがヒットすることはあります。

また、当初から現実の回収は期待していないがいつまでも未収金計上していて税金がかかるのは馬鹿らしいという場合には、形だけ銀行口座の差押えをしてみます。「取引なし」「残高なし」という銀行からの回答（第三債務者の陳述書）を根拠にすることで、税務署に対しても回収不能債権であるから損金計上するということが通用するようになります。

2. 資料の準備

強制執行を行うためには、裁判所に債権差押命令を申し立てる必要があり、そのために必要な資料を準備することになります。

(1) 弁護士が準備する資料

①執行文
②送達証明
③判決確定証明
④第三債務者の資格証明書など

① 執行文

債権の差押え（債権執行）を行うためには、不動産の明渡の場合と同様に、獲得した債務名義に執行力が現存していることを証明しなければなりません。「あなたが獲得した判決書によって強制執行することができますよ」という裁判所のお墨付きをもらう必要があります。このお墨付きが「執行文」です。

債務名義の原本を編綴する事件記録の存する裁判所（基本的には第一審の裁判所になります）に執行文付与申請書を提出して、裁判所書記官に執行文を付与してもらいます。具体的手続については、第一審の裁判所に債務名義を添付した執行文付与申請書を提出することになります。

> **★不動産明渡執行と債権執行の同時執行**
>
> 　債権執行を行う場合に注意が必要なのは、不動産の明渡執行の場合は執行官が執行機関となりますが、債権執行の場合は執行機関が執行裁判所となり異なるという点です。不動産の明渡執行と債権執行を同時に行う場合は、それぞれの執行機関に対し、執行力のある債務名義を提出する必要が生じます。しかしながら、債務名義の通数・再度付与を受ける場合は債務者に対し通知がなされますので、通知を機に財産の隠匿等（預貯金の引出し、他人名義の口座への移転等）が行われるおそれが生じます。
>
> 　不動産の明渡についての給付請求権（「被告は、原告に対し、別紙物件目録記載の不動産を明け渡せ」という部分）と金銭の支払の給付請求権（「被告は、原告に対し、金85万4333円を支払え」という部分）が表示される債務名義について、漫然とすべての給付条項に執行文の付与を受けてしまうと、債務名義の複数付与を受けない限り同時執行は不可能となります。
>
> 　同時執行を行いたい場合は、判決正本を複数受領し、一の正本には明渡に関する執行文を、他方の正本には金銭支払に関する執行文の付与を受けることで債務者に通知されることなく同時執行が可能となります。必ずしも同時執行にこだわらないという場合は、不動産の明渡執行後に執行官から原本の返還を受けられますので、原本の返還を受けた後、債権執行を申し立てることとなります。

② 送達証明書

　強制執行を申し立てるにあたっては、獲得した判決を賃借人及び保証人（被告ら）も認識している、すなわち、賃借人及び保証人（被告ら）も判決によって未払賃料や使用料相当損害金を支払わなくてはならないことを承知している必要があります。
かかる賃借人及び保証人（被告ら）の認識を証明するために、判決書の送達証明書を添付する必要があります。

　送達証明書も、執行文の付与と同様に、第一審の裁判所に送達証明申請書を提出することで取り寄せることができます。

③ 判決確定証明申請書

　強制執行を申し立てるにあたっては、原則として判決が確定している必要があります。ただし、判決書の「金〇〇円を支払え」という主文に仮執行宣言（「この判決は第2項に限り仮に執行することができる」など）が付されている場合は例外です。建物の明渡を命ずる部分と異なり、金銭の支払を命ずる部分は、一般的に仮執行宣言が付されることが多いため、その際は、判決確定書を取り寄せる必要はありません。判決確定証明書は、執行文の付与と同様に、第一審の裁判所に判決確定証明申請書を提出することで取り寄せることができます。

判決は、被告が判決書を受領した日から2週間経過した日に確定しますので、予め、裁判所書記官に判決確定日を確認するとよいでしょう。

④ 受書

　上記①から③の各証明書を受領する際に、裁判所から受書を求められますので、受書の準備もしましょう。

⑤　資格証明書・支店情報

　債務者や第三債務者が法人の場合は資格証明書を取り寄せる必要があります。
　本書の事案で、債務者たる賃借人は法人ではないものの、第三債務者である預金先銀行である江戸銀行、ゆうちょ銀行、給料債権の差押先になる勤務先オールクラス・フォー・ユー株式会社はいずれも法人になるため、各々の資格証明書を取り寄せる必要があります。
　銀行等の口座を差し押さえる場合、差し押さえる口座がある支店の住所を送達場所にするため、支店の所在地等の情報がわかる資料を提出する必要があります。支店の住所については、全部事項証明書によって特定する方法もありますが、裁判所によってはHPの写しなどによって特定することも認められておりますので、裁判所に確認するとよいでしょう。

(2) 賃貸人に準備してもらう資料

　債権の差押えについては、賃貸人から取り寄せる資料は、委任状のほか特にありません。

【債権差押えに必要となる書類】
```
□ 委任状
□ 執行力のある債務名義の正本（判決書）
□ 送達証明書
□ （仮執行宣言が付されていない場合）判決確定証明書
□ （当事者が法人の場合）資格証明書
□ （第三債務者が法人の場合）資格証明書
```

3.　管轄

　債権執行の執行機関は執行裁判所となります。執行裁判所は、原則として、債務者（本件では賃借人）の住所（債務者が法人の場合は主たる事業所）を管轄する地方裁判所に申し立てることとなります。
　なお、債務者の住所が転居などで判決書の住所と異なる場合は、債務者の現住所を管轄する地方裁判所となります。その場合は、住民票等の資料を提出するなどして、債務者の現住所を明らかにする必要があります。
　本件のように、債務者が東京に住所がある場合、目黒区にある民事執行センター（東京地方裁判所民事第21部）に申し立てることとなります。

3 申立書

　必要資料が揃ったら、いよいよ強制執行の申立てを行います。債権差押命令の申立書については、請求債権目録や差押債権目録など、弁護士が準備すべきものが多く、請求金額についてどの債権をどの程度差し押さえるのかなどの割り振りや、そもそもどの債権を差し押さえるかなど、弁護士の腕の見せ所でもあります。

1．手数料等

(1) 申立手数料

　1人の債権者が1人の債務者に対して、1通の債務名義に基づき申し立てる場合、差押命令の申立書には、民事訴訟費用に関する法律第3条別表第1・11イによって4,000円の印紙を貼用します。債権者や債務者の人数が変わるごとに、申立手数料も変わりますので、裁判所に予め確認してください。なお、第三債務者の人数は申立手数料に影響ありません。

(2) 郵便切手等

　申し立てる際に、債権差押命令正本の送達費用として、郵便切手を予納する必要があります。予納すべき郵便切手は、債権者・債務者・第三債務者の数によって変わりますし、執行裁判所によっても異なります。そのため、予め執行裁判所に確認してください。

2．当事者目録

　当事者目録については、債務名義に記載のある原告（賃貸人）を債権者欄に、被告ら（賃借人及び保証人）のうち、今回差押えるべき債権の当事者である賃借人を債務者欄に記載します。また、差押えの対象となる債権の債務者（江戸銀行、ゆうちょ銀行及びオールクラス・フォー・ユー株式会社）を第三債務者欄に記載することになります。なお、債権者及び債務者は、原則として、債務名義の正本に記載されているとおりに記載します。住所の移転等があるときは、債務名義上の住所等と現在の住所等を併記し、住民票等の公文書でその同一性を証明する必要があります。

3．請求債権目録

　金銭債権の執行の場合、請求債権は債務名義に明らかにされているので、債務名義と内容に齟齬がないよう記載しなければなりません。
　請求債権の表示としては、債務名義に表示されていて現存する債権を、元金・利息・損害金・費用に分けて表示します。利息や損害金は、利率・計算期間等を特定して表示し、費用は内訳も表示することになっております。

(1) 元金

　債務名義の内容と齟齬がないように記載します。本件において、賃借人が平成29年2

月28日に建物の明渡を行った場合、
　　　平成28年6月24日までの未払賃料85万4333円
　　　6月25日以降の使用料相当損害金20万円×7か月分
　　　（平成28年6月25日から平成29年2月28日まで、8か月と2月の4日分）の
　　　160万2857円（160万円＋2,857円）が元金となります。

(2) 利息・損害金利息・損害金

　利息・損害金利息・損害金の額は、元金とは別に請求の始期、終期、利率等で請求金額の計算根拠がわかるように記載しなければなりません。注意しなければいけないのは、遅延損害金については、債務名義等で元金が完済されるまで請求できる場合でも、申立の当日までに限定して金額を算出し、請求債権を確定させるのが実務の取扱いになっていることです。たとえば、元金が100万円で遅延損害金の割合が年10％、支払期日が平成29年1月31日の場合は、以下の計算式になります。

（計算式）

$$¥1,000,000 \times \frac{\text{平成29年2月1日から申立日までの日数}}{365日（閏年でない場合）} \times 10\%$$

(3) 執行費用

　金銭債権に対する民事執行で要した執行機関や当事者等が支出した費用のうち、法律で費用として認められているもののことをいいます。執行費用には執行準備費用と執行実施費用がありますが、いずれもその手続内で要した費用であれば債務名義を要せずに同時に取り立てることができます（民執42条2項）。

　金銭債権に対する民事執行の場合は、申立てのときに申立書に請求する執行費用を記載して請求するのが通例となっております。なお、申立書に記載しなかった執行費用は請求を放棄したものとみなされ、後に請求することはできませんので注意してください。法律で費用として認められている執行費用のその内訳及び具体的金額については、執行裁判所に予め確認するとよいでしょう。

　なお、後掲の記載例においては、東京地方裁判所における一般的な内訳（債権者1名、債務者1名、第三債務者1名）を記載してあります。

4. 差押債権目録

　差押債権目録は、差し押さえるべき債権の種類及び額、その他債権を特定する事項を記載しなければなりません。差し押さえるべき債権が複数ある場合は、請求金額を各々割り振り、合計額が請求金額と一致となるようにします。すなわち、請求金額が100万円であり、本件のように、①江戸銀行の預金口座、②ゆうちょ銀行の貯金口座、③給料の3つを差し押さえる場合は、①銀行の預金口座につき40万円、②ゆうちょ銀行の貯金口座につき40万円、③給料につき20万円などとというように割り振ることになります。同時に複数の口座に100万円ずつ差し押さえるということはできません。

【差押えの割り振り】

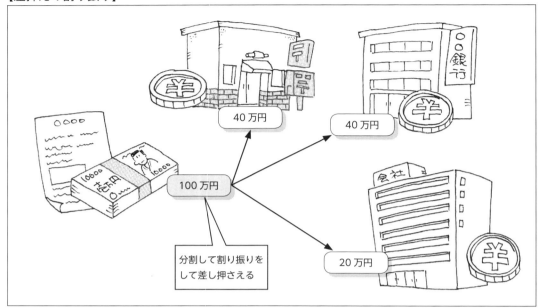

　割り振る金額については、債権者の自由に決定することができるため、予め預金口座の残高が予測できるような場合は、金額が多く残っている口座を主に差し押さえるべきでしょう。もし、ゆうちょ銀行は空振り（口座がなかった）だが、江戸銀行には定期預金が100万円以上あった、などの場合には、一度ゆうちょ銀行の差押えを取り消して、その上で江戸銀行の差押えを追加するという方法をとることが必要になります。

(1) 銀行の預金口座の差押え（198頁）

　先行の差押えの有無、円貨・外貨の別、預金の種類によって差し押さえるべき順序を定めます。

(2) ゆうちょ銀行の貯金口座の差押え（199、200頁）

　先行の差押えの有無、担保権設定の有無、貯金の種類によって差し押さえるべき順序を定めます。

(3) 給与債権の差押え

　毎月の給与、賞与、退職金という順序によって差し押さえることになりますが、給与債権のすべてを差し押さえてしまうと、債務者が生活を維持できなくなるという甚大な不利益を被ります。そのため、債務者の生計維持を図るために、法律によって、給与・賞与の4分3に相当する額は差押禁止とされております（民執152条）。

　もっとも、差押禁止部分については上限が定められており、4分の3に相当する金額が33万円を超える部分については差押えが可能となります。すなわち、債務者の手取額が月額32万円の場合は、その4分の1のみ差押え可能ですので8万円を差し押さえることができますが、債務者の手取額が50万円の場合は、33万円を控除した17万円を差し押さえることができます。

5. 第三債務者の陳述

　金銭債権に対する執行を申し立てる場合、債権者は、差し押さえる債権が存在しているという情報を得て行うのが通常ですが、債権は目に見えない観念的なものであるし、不動産登記のような一般的に権利を公示する方法もないため、差し押さえる債権の具体的内容を知ることは困難といえます。そこで、債権者が差し押さえた債権の内容を知り、差押えの実行性、自己への配当等の予想、取立訴訟の必要性等の判断ができるように、債権差押命令の申立てにあわせて、第三債務者に対する陳述催告の申立てを行います。通常は、差押命令の申立書と一緒に第三債務者に対する陳述催告の申立書を執行裁判所に提出します。（201頁）

　なお、この陳述催告がなされると、第三債務者は、債権差押命令の送達の日から2週間以内に、以下の事項を回答する陳述書を作成して執行裁判所に提出しなければなりません（民執147条1項・193条2項）。この回答は債権者の元にも届きますので、それを見て差押えができるものかどうか、あるいは債権があっても差押えに値するかどうかがわかるようになります。

【第三債務者の陳述書に記載される事項】

①差押えにかかる債権の存否、債権の種類、額
②弁済の意思の有無及び弁済の範囲または弁済をしない理由
③差押債権者に優先する債権者の有無並びに優先債権者の表示及び優先権の種類、内容、範囲
④差押債権に対する他の債権者による差押え、仮差押えの執行の有無、存在する場合の当該事件、債権者の表示、差押えの範囲及び送達の年月日
⑤差押債権に対する滞納処分による差押えの有無、存在する場合の差押えをした徴収職員等
⑥被差押債権について、既に転付命令または譲渡命令が送達されているときはその旨

【債権差押命令申立書の記載例】

債権差押命令申立書

東京地方裁判所民事部　御中

平成29年3月31日

　　　　　　　　　　　　　　　　　申立債権者　甲　山　巧　美

　　　　　　　　　　　　　　上記債権者代理人　弁護士　中　西　靖　雄

　　　　　　当 事 者　　別紙目録のとおり
　　　　　　請求債権　　別紙目録のとおり
　　　　　　差押債権　　別紙目録のとおり

　債権者は、債務者に対し、別紙請求債権目録記載の執行力ある債務名義の正本に記載された請求債権を有しているが、債務者がその支払いをしないので、債務者が第三債務者に対して有する別紙差押債権目録記載の各債権の差押命令を求める。

　■　第三債務者に対し、陳述催告の申立て（民事執行法第147条1項）をする。

　　　　　　　　　　　　　　添　付　書　類

　　　　1．執行力のある債務名義の正本　　　1通
　　　　2．同送達証明書　　　　　　　　　　1通
　　　　3．資格証明書　　　　　　　　　　　1通
　　　　4．訴訟委任状　　　　　　　　　　　1通
　　　　　　　　　　　　　　　　　　　　　　　　　　以　上

【当事者目録の記載例】

当事者目録

〒162−0088　　　　東京都新宿区中新宿2丁目4番8号
　　　　　　　　　　債権者　　甲　山　巧　美

〒107−0066　　　　東京都港区赤坂見附1丁目2番3号弁護士ビル4階
　　　　　　　　　　芳友法律事務所　　（送達場所）
　　　　　　　　　　上記債権者代理人弁護士　　中　西　靖　雄
　　　　　　　　　　ＴＥＬ　　０３（３５５５）××××
　　　　　　　　　　ＦＡＸ　　０３（３５５６）××××

〒101−0076　　　　東京都千代田区霞が関1丁目1番3号
　　　　　　　　　　かすみマンション401号室
　　　　　　　　　　債務者　　乙　川　太　郎

〒102−0083　　　　東京都千代田区麹町2丁目2番2号
　　　　　　　　　　第三債務者　　株式会社江戸銀行
　　　　　　　　　　上記代表者代表取締役　　辻　　智　夫
〒102−0088　　　　東京都千代田区麹町5丁目5番5号
　　　　　　　　　　株式会社江戸銀行　東京支店（送達場所）

〒100−0001　　　　東京都千代田区丸の内1丁目2番3号
　　　　　　　　　　第三債務者　　株式会社ゆうちょ銀行
　　　　　　　　　　代表執行役　　久　保　陽　子
〒100−0002　　　　東京都千代田区丸の内2丁目5番5号
　　　　　　　　　　東京貯金事務センター　（送達先）

※債権者及び債務者は、原則として、執行力ある債務名義の正本に記載されているとおりに記載する。
　住所の移転等があるときは、債務名義上の住所等と現在の住所等を併記し、住民票等の公文書でその同一性を証明する。

【債務名義上の住所氏名に変更があったときの記載例～当事者目録】

当事者目録

(住所)
〒102-0099　　　東京都千代田区麹町7-7-7
(債務名義上の住所)
〒162-0088　　　東京都新宿区中新宿2丁目4番8号
　　　　　　　　　債権者　　丙　田　巧　美
　　　　(債務名義上の氏名)
　　　　　　　　　　　　　　甲　山　巧　美

〒107-0066　　　東京都港区赤坂見附1丁目2番3号弁護士ビル4階
　　　　　　　　　芳友法律事務所　　　（送達場所）
　　　　　　　　　上記債権者代理人弁護士　　中　西　靖　雄
　　　　　　　　　TEL　　03（3555）××××
　　　　　　　　　FAX　　03（3556）××××

(住所)
〒102-0089　　　東京都千代田区麹町8丁目8番8号
(債務名義上の住所)
〒101-0076　　　東京都千代田区霞が関1丁目1番3号
　　　　　　　　　かすみマンション401号室
　　　　　　　　　債務者　　佐　藤　太　郎
　　　　(債務名義上の氏名)
　　　　　　　　　　　　　　乙　川　太　郎

〒102-0083　　　東京都千代田区麹町2丁目2番2号
　　　　　　　　　第三債務者　　株式会社江戸銀行
　　　　　　　　　上記代表者代表取締役　　辻　智　夫
〒102-0088　　　東京都千代田区麹町5丁目5番5号
　　　　　　　　　株式会社江戸銀行　東京支店（送達場所）

〒100-0001　　　東京都千代田区丸の内一丁目2番3号
　　　　　　　　　第三債務者　　株式会社ゆうちょ銀行
　　　　　　　　　代表執行役　　久　保　陽　子
〒100-0002　　　東京都千代田区丸の内二丁目5番5号
　　　　　　　　　東京貯金事務センター　（送達先）

【請求債権目録の記載例】

請求債権目録

　東京地方裁判所平成28年（ワ）第123456号建物明渡等請求事件の執行力のある判決正本に表示された下記金員及び執行費用

記

（1）元　　金　　　　　金２６５万４３３３円

　　　内訳　１．主文第２項記載の８５万４３３３円
　　　　　　２．主文第３項記載の、平成28年６月24日より主文第１項の建物が明け渡された日である平成29年３月24日まで、１ヶ月２０万円の割合による金員１８０万円

（2）損害金　　　　　　金６，６７０円

　　但し、第１項内訳１記載の８５万４３３３円に対する平成29年２月３日から平成29年３月31日までの年５％の割合による遅延損害金

（3）執行費用　　　　　金１１，４５０円

　　　内訳　　本申立手数料　　　　　　　　　　金４，０００円
　　　　　　　本申立書作成及び提出費用　　　　金１，０００円
　　　　　　　差押命令正本送達費用　　　　　　金２，８９８円
　　　　　　　資格証明書交付手数料　　　　　　金　６００円
　　　　　　　執行文付与申立手数料　　　　　　金　３００円
　　　　　　　送達証明書申請手数料　　　　　　金　１５０円

　　　合　　計　　金２，６７２，４５３円

【預金債権（既発生利息も差し押さえる場合）の記載例～差押債権目録】

差押債権目録

　金２，６７２，４５３円

　　ただし、債務者が第三債務者株式会社江戸銀行（東京支店扱い）に対して有する下記預金債権及び同預金に対する預入日から本命令送達時までに既に発生した利息債権のうち、下記に記載する順序に従い、頭書金額に満つるまで。

記
1　差押えのない預金と差押えのある預金があるときは、次の順序による。
（１）先行の差押え、仮差押えのないもの
（２）先行の差押え、仮差押えのあるもの

2　円貨建預金と外貨建預金があるときは、次の順序による。
（１）円貨建預金
（２）外貨建預金（差押命令が第三債務者に送達された時点における第三債務者の電信買相場により換算した金額（外貨）。ただし、先物為替予約があるときは原則として予約された相場により換算する。）

3　数種の預金があるときは、次の順序による。
（１）定期預金
（２）定期積金
（３）通知預金
（４）貯蓄預金
（５）納税準備預金
（６）普通預金
（７）別段預金
（８）当座預金

4　同種の預金が数口あるときは、口座番号の若い順序による。
　　なお、口座番号が同一の預金が数口あるときは、預金に付せられた番号の若い順序による。

以上

【貯金債権（株式会社ゆうちょ銀行）の記載例～差押債権目録】

差押債権目録

　金２，６７２，４５３円

　　ただし、債務者が第三債務者株式会社ゆうちょ銀行（　　貯金事務センター扱い）に対して有する下記貯金債権及び同貯金に対する預入日から本命令送達時までに既に発生した利息債権のうち、下記に記載する順序に従い、頭書金額に満つるまで。

記

1　差押えのない貯金と差押えのある貯金があるときは、次の順序による。
（１）先行の差押え、仮差押えのないもの
（２）先行の差押え、仮差押えのあるもの

2　担保権の設定されている貯金とされていない貯金があるときは、次の順序による。
（１）担保権の設定されていないもの
（２）担保権の設定されているもの

3　数種の貯金があるときは、次の順序による。
（１）定期貯金
（２）定額貯金
（３）通常貯蓄貯金
（４）通常貯金
（５）振替貯金

4　同種の貯金が数口あるときは、記号番号の若い順序による。
　　なお、記号番号が同一の貯金が数口あるときは、貯金に付せられた番号の若い順序による。

以上

【貯金債権（独立行政法人郵便貯金・簡易生命保険管理機構）の記載例～差押債権目録】

差押債権目録

　金２，６７２，４５３円

　ただし、債務者が第三債務者独立行政法人郵便貯金・簡易生命保険管理機構（株式会社ゆうちょ銀行　　貯金事務センター扱い）に対して有する下記郵便貯金債権及び同郵便貯金に対する預入日から本命令送達時までに既に発生した利息債権のうち、下記に記載する順序に従い、頭書金額に満つるまで

記

1　差押えのない郵便貯金と差押えのある郵便貯金があるときは、次の順序による。
（１）先行の差押え、仮差押えのないもの
（２）先行の差押え、仮差押えのあるもの

2　担保権の設定されている郵便貯金とされていない郵便貯金があるときは、次の順序による。
（１）担保権の設定されていないもの
（２）担保権の設定されているもの

3　数種の郵便貯金があるときは、次の順序による。
（１）定期郵便貯金（預入期間が経過し、通常郵便貯金となったものを含む）
（２）定額郵便貯金（預入の日から起算して10年が経過し、通常郵便貯金となったものを含む。）
（３）積立郵便貯金（据置期間が経過し、通常郵便貯金となったものを含む）
（４）教育積立郵便貯金（据置期間の経過後４年が経過し、通常郵便貯金となったものを含む）
（５）住宅積立郵便貯金（据置期間の経過後２年が経過し、通常郵便貯金となったものを含む）
（６）通常郵便貯金（（１）から（５）までの所定期間経過後の通常郵便貯金を除く）

4　同種の郵便貯金が数口あるときは、記号番号の若い順序による。
　　なお、記号番号が同一の郵便貯金が数口あるときは、郵便貯金に付せられた番号の若い順序による。

以上

【第三債務者に対する陳述催告の申立書の記載例】

第三債務者に対する陳述催告の申立書

平成29年3月31日

東京地方裁判所民事部　　御中

債権者　　甲　山　巧　美

上記債権者代理人　弁護士　　中　西　靖　雄

当事者　　　　　別紙目録記載のとおり

　本日、御庁に対し申し立てた、上記当事者間の債権差押命令申立事件につき、第三債務者に対し、民事執行法第147条第1項に規定する陳述の催告をされたく申し立てます。

4 取立て・回収

　それぞれの第三債務者から、陳述書が届きました。賃借人は、まだオールクラス・フォー・ユー株式会社で働いていたし、いずれの口座にもお金は残っている状況でした。
　差押命令が債務者に送達されてから1週間が経過したことを確認した上で、第三債務者に連絡することになります。まずは金融機関からです。

♪トゥルル〜
江戸銀行　「はい。江戸銀行東京支店です。」
中　　西　「弁護士の中西と申します。貴行から第三債務者の陳述書が届いたのを確認したところ、預金残額があるとのことでしたのでお電話いたしました。早速、取立手続に入りたいのですが、貴行に提出する資料等はございますか？」
江戸銀行　「当行の手続では、先生がお持ちの債権差押命令の写し、送達証明書の写し、先生の印鑑証明書、振込依頼書を出していただくことになります。振込依頼書は当行のものを用意させていただきますので、送付させていただきます。振込送金手数料が別途かかりますが、当行では差押額の中から差引きする処理をさせていただきますのでご了承ください。」
中　　西　「了解いたしました。それでは、振込依頼書の送付をお待ちしております。そちらに当方の振込先を記入し、必要資料とともに送付いたしますのでよろしくお願いいたします。」
江戸銀行　「はい、お願いします。ご不明な点がございましたら私、担当の西條と申しますので、お電話くださいませ。」

　金融機関にとって預貯金債権の差押えは日常的な事項です。特に滞りもなく淡々とした対応をしてくるのが一般的です。各銀行ごとの指定する書類や手続に則って取立をすることになりますので、わからないことは銀行の担当者からきちんと聞いておくようにします。
　次は勤務先です。金融機関と違って従業員の給料の差押えなどはそうそうあるものではありません。そもそも差押えがなんなのかというところから話がこじれることもありますが、冷静な態度できちんと手続を説明して円滑な取立ができるように心掛けます。

電話♪トゥルル〜
オールクラス　「はい。オールクラス・フォー・ユーです。」
中　　西　「弁護士の中西と申します。総務部の大畠部長さまをお願いします。乙川様の給料の差押えの件だとお伝えください。」
大　　畠　「変わりました、担当部長の大畠です。」
中　　西　「貴社から第三債務者の陳述書が届いたのを確認したところ、乙川さんはまだ貴社にお勤めのようでしたので、賃金の差押えについてお電話いたしました。」
大　　畠　「差押命令何ちゃらみたいなものは届いたのは確認しましたよ。ただ、給料の4分の1を計算して、各々に振り込むなんて面倒な作業はしたくないですけどねぇ。それに給料を持って行かれたら乙川さんも可哀想だし、なんとかならんの？」
中　　西　「差押命令は、法的手続に則って行っておりますので、給料の4分の1を計算していただいた上で、その金額を当方に送金してもらいたいのですが。差押命令が届いた以降、貴社は、給料の4分の1については乙川さんに支払うことが法律上禁止されているんですよ。」
大　　畠　「そうなんですか……それじゃあ仕方ないか。社労士さんに相談して対応しますよ。振込でしたっけ、振込先だけ教えておいてください。」
中　　西　「了解いたしました。当方の振込先はファックスでお送りします。ご対応のほど、よろしくお願いいたします。」

1．債権執行における換価方法

　債権の差押命令が送達されると、債務者（賃借人）は、差押債権の取立てその他の処分が禁止され、第三債務者（江戸銀行、ゆうちょ銀行及びオールクラス・フォー・ユー株式会社）は、債務者に対する弁済が禁止されます（民執145条1項）。
　もっとも、そのまま自動的に請求債権を回収することができるのではなく、請求債権を現実に回収するには、さらに換価手続をとる必要があります。債権執行における換価方法としては、転付命令、譲渡命令、売却命令等がありますが、原則的な換価方法は取立権の行使となります。売掛金債権などの場合には転付命令などが登場することもありますが、銀行預金などでは実務のほとんどの場合が取立権の行使になります。本書でも取立権の行使の方法を取り上げます。

2．取立権の発生時期

　差押命令は、第三債務者（江戸銀行、ゆうちょ銀行、オールクラス・フォー・ユー株式

会社）に送達された時にその効力が生じます（民執145条4項）が、取立権の効力は、差押命令が債務者（賃借人）に送達されてから1週間が経過したときに発生します。

債権者（賃貸人）は、このとき以降、差押債権について、第三債務者（江戸銀行、ゆうちょ銀行及びオールクラス・フォー・ユー株式会社）から直接取立てをすることができます。

3. 取立ての方法

債権者（賃貸人）は、取立てをするにあたり、第三債務者に対し、差押命令の正本及び差押命令の送達通知書を提示した上で、取立てを行います。

支払方法については明示の規定がないため、債権者と第三債務者との間で協議の上で支払方法を決めることになりますが、実務上は振込みにより支払われることが通常です。

債権者の代理人は、取立権の発生時期以降に（第三債務者からの陳述書が届いた時頃）、第三債務者の陳述書に記載のある電話番号に連絡をして、担当者と支払方法等を確認します。その際に、金融機関等によって、提出を求められる書類（たとえば、弁護士の印鑑証明）が異なりますので、金融機関から要望のあった書類を先方に提出することになります。

弁護士の職印は、所属している弁護士会の窓口（会員課等）に職印を持参して手続をすることで登録することができます。登録した印鑑について弁護士会の窓口（会員課など）で印鑑証明書を発行してもらえます。

4. 取立後の処理

差押債権者（賃貸人）は、第三債務者（江戸銀行、ゆうちょ銀行及びオールクラス・フォー・ユー株式会社）から請求債権や執行費用の全部または一部の支払を受けた場合には、その限度で請求債権の弁済があったものとみなされ（民執155条2項）、直ちに、その旨を執行裁判所に届け出なければなりません（民執155条3項）。

実務上は、「取立届（請求債権全額の取立てができた場合は「取立完了届」）」という書面を執行裁判所に提出して、第三債務者から支払を受けた旨を届け出ます。取立届には、①事件の表示、②債務者及び第三債務者の氏名または名称、③第三債務者から支払を受けた額及びその年月日、④第三債務者から支払を受けた旨を記載します。

「取立完了届」により、請求債権全額が弁済されたとみなされ（または差押債権全額が弁済されたことが判明した場合）、執行裁判所は事件を終結させます。

現実の差押債権の額が差押命令に表示された差押債権額に満たない場合は、現実に差押債権の額を取り立てた段階で、取り立てた範囲について「取立届」（ひな形のうち、完了部分を削除したもの）を提出し、取り立てられなかった残額部分は事件を取り下げます。

【取立（完了）届の記載例】

平成29年（ル）第345号

取立（完了）届

東京地方裁判所民事第21部　御中

平成29年3月25日
申立債権者代理人　弁護士　中　西　靖　雄

　債権者　　甲　山　巧　美
　債務者　　乙　川　太　郎
　第三債務者　　株式会社江戸銀行　東京支店

　上記当事者間の債権差押命令申立事件に基づき、債権者は第三債務者から、下記のとおり金員を取立て（取立完了）いたしましたので届出いたします。

記

1　株式会社江戸銀行　東京支店
　　取立日　　平成29年3月21日
　　取立金額　　金　92万6520円

事項別索引

■あ

合鍵の有無 …………………………… 164
相手方の所在調査 …………………… 108
相手方の特定 ………………………… 106
明渡 ……………………………………… 8
　──の強制執行の手続 …………… 149
明渡確認書 ……………………………… 98
明渡合意 ………………………………… 86
明渡合意書 ……………………………… 88
明渡執行 ……………………………… 173
　──における弁護士の役割 ……… 176
　──における手続 ………………… 175
明渡立会い ……………………………… 97
　──に際して行う基本事項 ……… 98

■い

移転先の探索 …………………………… 86
委任契約 ………………………………… 23
委任契約書 ……………………………… 24
委任状 …………………………………… 26
　──の種類 ………………………… 26
印紙 …………………………… 115、126

■う

受書 …………………………… 153、188

■か

回収 …………………………………… 202
解錠技術者 ……………………………… 66
解除催告 ………………………………… 29
解除事由、解除の効力の確認 ………… 13
解除通知 ………………………………… 39

仮処分供託金 ………………………… 142
仮処分決定の発令 ……………………… 54
仮処分執行当日までの準備 …………… 68
仮処分執行の申立書類 ………………… 62
仮処分執行の申立て ……………… 60、61
仮処分調書の送付 ……………………… 70
仮処分発令のために提出する書類 …… 55
管轄裁判所 ……………………………… 35

■き

期日請書 ……………………………… 127
期日の調整 …………………………… 127
給与債権の差押え …………………… 192
強制執行 …………………………… 8、9
　──に要する費用 ………………… 23
　──の委任状 ……………………… 153
強制執行の申立て ……………… 152、190
　──に必要となる書類 …………… 154
　──の準備 ………………………… 185
供託原因消滅証明書 …………………… 56
供託所 …………………………………… 52
供託の方法 ……………………………… 53
銀行の預金口座の差押え …………… 192
近接日売却 …………………………… 178

■け

契約内容の確認 ………………………… 13
原状回復費用の減免 …………………… 85
現地集合 …………………………… 169、175
現場の状況写真 ………………………… 15
現場保管 ……………………………… 176

■こ

- 合意書の締結 …………………… 150
- 合意内容形成の注意点 …………… 87
- 公示送達 ………………………… 130
- 交渉のための枠 ………………… 80
- 控訴 ……………………………… 144
- 控訴期限 ………………………… 145
- 控訴手続 ………………………… 145
- 控訴理由書の提出 ……………… 145
- 口頭弁論 ………………………… 136
- 固定資産評価証明書 ………… 15、105

■さ

- 債権回収 …………………………… 9
- 債権執行における換価方法 …… 203
- 催告手続 …………………… 170、171
- ——の完了 ………………… 171、172
- 再度の送達 ……………………… 129
- 再度の申立て ……………………… 74
- 裁判官面接 ………………………… 51
- 裁判所の運用 ……………………… 36
- 債務者を特定しない占有移転禁止の仮処分 …………………………………… 75
- 債務不履行解除の判断要素 ……… 17
- 差押え禁止動産 ………………… 154
- 差押債権目録 …………………… 191
- 差し押さえる財産の探索 ……… 185
- 残置物の撤去 ……………………… 86

■し

- 資格証明書 ………………… 153、189
- 執行官が確認する事項 ………… 164
- 執行官との打合せ ………………… 66
- 執行官面接 ………………… 66、162
- 執行業者の立会費用 ……………… 66
- 執行催告 ………………………… 169
- ——における手続 ……………… 169
- ——における弁護士の役割 …… 172
- 執行費用 …………………… 154、191
- 執行不能調書 …………………… 74
- 執行文 ……………………… 152、187
- 執行への立会い …………………… 69
- 執行補助業者 ……………………… 66
- ——への連絡 ……………………… 66
- 執行補助者の有無 ……………… 164
- 自動車車検証 ………………… 15、40
- 自動車の取扱い ………………… 179
- 支払催告 …………………………… 29
- 車検証 ……………………………… 15
- 車両の状況 ……………………… 165
- 住居表示 …………………………… 39
- 住宅地図 …………………………… 39
- 住民票 ……………………………… 40
- 主張及び疎明についての釈明 …… 51
- 商業・法人登記簿謄本 ………… 106
- 証拠調べ ………………………… 137
- 勝訴判決後の任意交渉 ………… 182
- 証明 ………………………………… 38
- 資料の取得方法 ………………… 104
- 資料の準備（強制執行） ……… 187

■せ

- 請求原因の記載の基本 ………… 112
- 請求債権目録 …………………… 190
- 成年後見の調査 ………………… 111
- 競り売り ………………………… 177

専属管轄 …………………………… 35
占有移転禁止の仮処分 ………… 5、22
　　──が有効な事案 …………… 34
　　──に必要となる費用 ……… 37
　　──の効力が及ぶ範囲 ……… 33
　　──の執行 …………………… 67
　　──の申立書の提出 ………… 50
　　──の申立てに必要となる資料 … 37
占有状態 …………………………… 35
占有補助者 ………………………… 107

■そ

相続人の調査 …………………… 110
送達 ……………………………… 129
送達証明書 ……………… 152、188
訴額 ……………………………… 126
訴額算定 ………………………… 106
即日売却 ………………………… 178
訴訟 ………………………… 7、19、102
訴訟に要する費用 ………………… 23
訴状 ……………………………… 112
　　──の起案 ………………… 112
　　──の記載における注意点 … 115
　　──の補正 ………………… 127
訴訟後の保全処分 ………………… 19
訴訟進行に関する照会書 ……… 127
訴状提出 ………………………… 126
　　──の際に用意していくもの … 126
訴訟提訴の準備 ………………… 102
訴訟物の価格 …………………… 115
訴訟前の保全処分 ………………… 19
即決和解 …………………… 19、90
　　──の手続の注意点 ………… 91

──の手続費用 ………………… 92
疎明 ………………………………… 38
損害金 …………………………… 191
損害金利息 ……………………… 191

■た

第1回口頭弁論期日 …………… 137
第三債務者の陳述 ……………… 193
滞納状況の確認 …………………… 13
滞納賃料の減免 …………………… 85
滞納賃料の分割払い ……………… 84
タイムスケジュール ……………… 20
妥協・譲歩の必要性 ……………… 79
妥協点の見いだし方 ……………… 82
建物明渡の債務名義 ……………… 32
建物図面 …………………… 15、39
断行手続の完了 ………………… 176
断行の中止 ……………………… 177
担保決定 ………………………… 51
担保提供の窓口 …………………… 52
担保取消しの申立書類 …………… 57
担保の供託に必要な書類 ………… 53
担保の取消し ……………………… 56
担保の取戻請求 …………………… 58
　　──に必要な書類 …………… 58

■ち

地番 ………………………………… 39
駐車場における車両の確認 …… 171
駐車場の明渡 …………………… 122
駐車場利用契約 ………………… 123
調査報告書 ……………………… 130
賃借人の状況等 ………………… 164

事項別索引

賃貸借契約書 …………………………… 38

■つ
追加の申立て …………………………… 74

■と
登記事項証明書 ………………… 14、104
動産執行の売却の例による方法 ……… 179
動産執行の予納金 ……………………… 154
動産の運び出し ………………………… 176
動産の保管 ……………………………… 176
動産類の差押えの申立て ……………… 154
当事者の確定 …………………………… 12
当事者の記載 …………………………… 116
当事者目録 ……………………… 45、190
答弁書 …………………………………… 128
独立占有者 ……………………………… 107
取立て …………………………………… 202
取立権の発生時期 ……………………… 203
取立後の処理 …………………………… 204
取立届 …………………………………… 204

■な
内容証明郵便 …………………………… 29

■に
入金履歴 ………………………………… 38
任意交渉 ……………………… 6、18、78、182
　　──のありかた ……………………… 183
　　──の進め方 ……………………… 82
　　──の目的 ………………………… 81

■は
売却後の処理 …………………………… 179
売却手続 ………………………………… 179
配達証明書 ……………………………… 39
判決 ……………………………………… 144
判決言渡 ………………………………… 144
判決確定証明申請書 …………… 153、188
判決を目指す場合 ……………………… 137

■ひ
被告の取捨選択 ………………………… 111
引越し代 ………………………………… 85
被保全権利 ……………………………… 44

■ふ
物件内における占有認定作業 ………… 170
物件内の立入り ………………… 170、175
物件の特定 ……………………… 13、116
物件目録 ………………………………… 48
不動産の占有状況 ……………………… 164
付郵便 …………………………………… 129
ブルーマップ …………………… 39、105
紛議調停 ………………………………… 24

■へ
弁護士報酬 ……………………………… 26
弁論が終わったあと …………………… 138
弁論準備 ………………………………… 139

■ほ
報告書 …………………………………… 40
法律相談 ………………………… 4、12
保全 ……………………………………… 5

――の必要性 …………………… 45
　保全執行に要する費用 ……………… 23
　保全処分の管轄 ……………………… 35

■み
　民事調停 ……………………………… 18

■め
　面接時間 ……………………………… 51

■も
　申立書の提出 ………………… 50、154
　申立前の任意交渉 ………………… 149
　目的物の所在場所の略図 ………… 153
　元金 ………………………………… 190

■や
　夜間休日受付 ……………………… 127

■ゆ
　郵券 ………………………………… 126

　ゆうちょ銀行の貯金口座の差押え …… 192
　郵便受けにおける占有認定作業 …… 170

■よ
　予期せぬ占有者 ……………………… 74

■り
　利息 ………………………………… 191

■れ
　連帯保証人 …………………… 6、100

■わ
　和解 ………………………………… 140
　和解勧告案 ………………………… 141
　和解条項 …………………………… 143
　　――に盛り込む事項 …………… 140
　　――の根回し …………………… 128
　　――を目指す場合 ……………… 137
　和解調書 …………………………… 142
　和解の成立 ………………………… 142

- 本書に掲載の各書式記載例につきましては、弊社ホームページからワードデータをダウンロードすることができます。下記 URL にアクセスしていただき、ダウンロードしてください。
  URL http://soko-sha.com/
- 電子版につきましては、コンテン堂より販売しております。下記の URL にアクセスしていただき、ご購入してください。
  URL http://contendo.jp

はじめての事件シリーズ
建物明渡請求

平成29年2月10日　初版第 1 刷発行

編　集　東京弁護士会　法友全期会業務委員会

発行者　株式会社　創耕舎

発行所　株式会社　創耕舎
〒162-0801　東京都新宿区山吹町350　鈴康ビル203
TEL　03 - 6457 - 5167
FAX　03 - 6457 - 5468
URL　http://soko-sha.com/

〈検印省略〉

©2017 Printed in Japan　　　　　　　印刷・製本　モリモト印刷株式会社
・定価はカバーに表示してあります。
・落丁・乱丁はお取り替えいたします。
ISBN978-4-908621-02-4　〈C3032〉